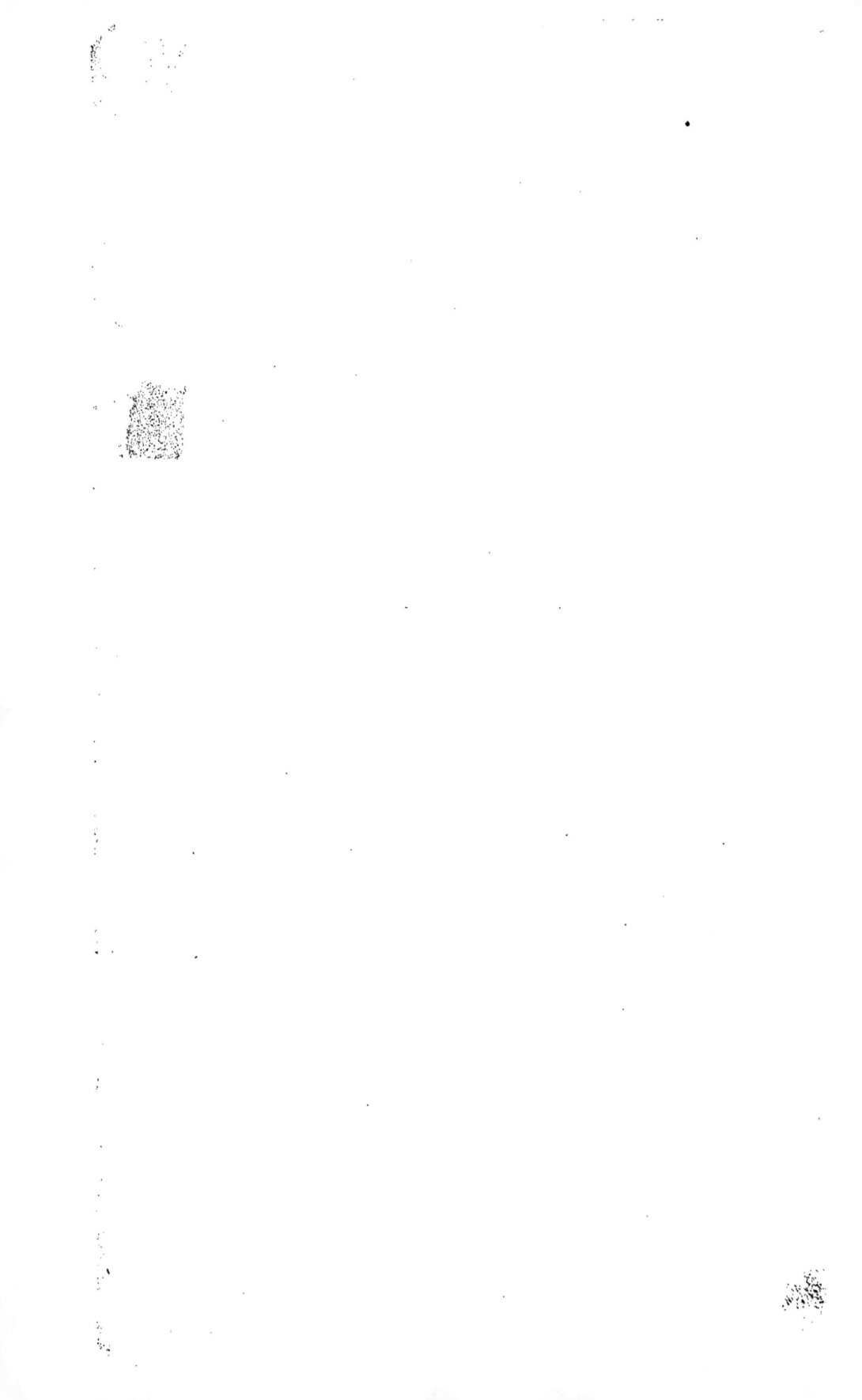

F ©

THÉORIE

DE

LA PROCÉDURE

CIVILE,

PRÉCÉDÉE D'UNE INTRODUCTION;

Par M. Boucenne,

AVOCAT A LA COUR ROYALE,

ET PROFESSEUR A LA FACULTÉ DE DROIT DE POITIERS.

Tome Second.

PREMIÈRE PARTIE.

Poitiers,

SAURIN FRÈRES, LIBRAIRES.

PARIS,

BRISSOT-THIVARS, Rue de l'Abbaye, n° 14.

ALEX-GOBELET, Rue Soufflot, n° 4.

Vᵉ CHARLES BÉCHET, Quai des Augustins, n° 57 et 59.

1830.

Poitiers, Imp. de F.-A. Saurin.

AVERTISSEMENT.

J'ai annoncé dans le tome premier, contenant l'introduction (page 49), que je commencerais celui-ci par *la conciliation*, et que *la justice de paix* serait reportée immédiatement après *les matières sommaires*.

Je continue ma division par chapitres. Elle ne sera point autre que celle des titres du Code, il n'y aura que le mot de changé. On trouvera, en marge, l'indication des articles auxquels mes explications se rapporteront.

Ce que je fais paraître aujourd'hui est la première partie du tome deuxième ; je promets que la seconde ne se fera pas autant attendre. Les deux parties formeront ensemble un volume égal à L'INTRODUCTION, c'est-à-dire, six cents pages au moins. Je ferai de même pour la suite. Les intervalles entre les publications seront plus courts.

THÉORIE

DE LA

PROCÉDURE CIVILE.

CHAPITRE PREMIER.

DE LA CONCILIATION.

(Liv. II, tit. Ier, art. 48-58 du Code de Proc.)

J'AI indiqué, dans le chapitre 12 de l'*Intro-*   ART.
duction (1), les sources aux quelles les législateurs de 1790 avaient puisé l'idée des bureaux
de paix.

J'ai dit ce que fut *l'essai préalable de con-*
ciliation, jusqu'à la mise en activité du Code
de procédure.

Le principe existe encore dans nos institutions judiciaires, non plus avec cette vague

(1) Pag. 285 et suivantes.

II   I

étendue d'application qui le rendit ridicule,
parce qu'il se montra trop souvent inutile ;
mais restreint et réservé seulement pour les
cas où l'espoir raisonnable d'en recueillir
quelque fruit, peut compenser l'augmentation des frais et la perte du temps.

Les demandes principales et introductives
d'instance sont seules soumises à l'épreuve
de la conciliation.

48. La loi dit, *principales et introductives d'instance*, parce qu'une demande peut être
principale, sans être introductive d'une instance à laquelle elle vient se rattacher. Vous
voulez me traduire en justice pour me faire
condamner au paiement d'une certaine somme:
cette demande sera principale et introductive
d'instance ; car elle ne tient, ni quant à son
objet, ni quant à ses motifs, à aucune autre
action déjà formée, soit contre moi, soit contre une autre partie. Vous devrez, avant d'a-
gir, essayer avec moi la conciliation.

Mais j'ai une garantie à exercer pour cette
somme, et lorsque l'affaire est portée devant
le tribunal, je songe à diriger mon recours
contre celui qui doit supporter, en tout ou
en partie, la condamnation dont je suis me-

nacé. Faut-il que préalablement je le cite au
bureau de paix? Non: la demande en garantie sera bien principale à l'égard du garant,
car elle sera le premier acte de ma poursuite;
mais elle ne sera pas introductive d'instance,
parce que je l'appellerai dans une instance
déjà introduite. Or, si je n'ai pu, avant l'éclat
de la contestation primitive, me concilier avec
le demandeur qui m'a attaqué, il n'est guère
probable que l'accession d'une autre partie
dans le même procès, rende plus fructueuse
une tentative nouvelle.

ART.
49, § 3.

La mise en cause d'un garant est une intervention forcée. L'explication qui vient d'être
donnée s'applique tout naturellement à l'intervention volontaire, c'est-à-dire, au cas où
une personne se présente d'elle-même dans
une lutte déjà engagée, pour y soutenir ou
pour y revendiquer des droits que d'autres
se disputent : *venit inter litigantes.*

49, § 3.

La raison de la loi est ici, comme dans une
foule de circonstances, un calcul de probabilités. L'épreuve du bureau de paix ne serait
qu'une vaine pratique, si on l'appliquait à tous
les épisodes et à toutes les suites d'un procès.
Quelle apparence y a-t-il que des plaideurs
qui ont franchi les avenues du palais, sans

écouter les remontrances qu'on leur a faites pour les empêcher de commencer un procès, deviennent plus dociles à la voix du juge de paix, si vous les forcez de retourner devant lui, pour essayer la conciliation sur chacune des demandes incidentes qui s'élèvent d'une part ou de l'autre, dans le cours de l'action?

Cependant il peut se faire que certains incidens ne soient, au fond, que des demandes nouvelles. Voici un exemple : il y a eu essai inutile de conciliation entre un vendeur et un acquéreur, sur la demande en paiement du prix de la chose vendue. Devant le tribunal, le vendeur conclut incidemment à la résolution de la vente. Ce n'est plus là ce dont il a été question au bureau de paix. Le demandeur y sera renvoyé : c'est une autre instance à introduire, car la différence est grande entre des conclusions qui tendent à l'exécution d'un contrat, et celles qui tendent à sa rupture. L'acquéreur embarrassé aurait peut-être accepté ce moyen de se tirer d'affaire, s'il eût été proposé avant l'invasion des procédures ; il l'acceptera peut-être encore, parce que le vendeur devra supporter seul les frais de sa fausse marche.

La demande réconventionnelle, c'est-à-dire,

celle que le défendeur forme à son tour, en répondant au demandeur (1), est incidente de sa nature, lorsqu'elle naît des circonstances de l'action principale, et lorsqu'elle peut servir d'exception ou de défense pour la repousser, l'anéantir, ou la restreindre.

J'assigne un particulier afin qu'il ait à garnir de meubles une maison que je lui ai louée; il se défend en demandant que je sois condamné à faire préalablement les réparations nécessaires pour la rendre habitable. Il y a connexité parfaite entre la demande réconventionnelle du locataire et la mienne. Le bail est leur principe commun; l'une sert de défense contre l'autre, elle ne sera point soumise au préliminaire de conciliation.

Mais si la réconvention a sa source en dehors, si elle ne doit avoir aucune influence sur la discussion et sur le jugement de la demande principale, elle sera toute principale elle-même. Je réclame en justice le paiement d'un billet; le débiteur reconnaît son obligation, mais il m'oppose qu'il a droit de passer sur un champ que j'ai fait clore, et il conclut à la suppression de ma clôture. Évidemment

_____

(1) Voy. l'*Introduction*, chap. v, page 19.

c'est une instance détachée du procès, qui ne peut être introduite devant le tribunal, soit directement, soit indirectement, qu'après avoir passé par le bureau de paix.

Il est pourtant une espèce de réconvention qui peut servir de défense contre l'action principale, quoiqu'il n'y ait entre elles aucune connexité; je veux parler de la compensation : elle a toujours été admise *ex causâ dispari*, si ce n'est dans certains cas particuliers où la loi dispose autrement : comme lorsqu'il s'agit d'un dépôt, d'un prêt à usage, etc. (1).

Une autre difficulté a été prévue : la demande est formée contre plus de deux personnes; il semble, au premier aspect, que le besoin d'un accommodement doive s'accroître en proportion du nombre de ceux qui se disposent à plaider. Mais les défendeurs peuvent habiter dans des lieux différens et éloignés, il faudra beaucoup de temps pour les rassembler. Devant qui les citera-t-on? Quand ils auraient le même intérêt, cet intérêt n'agit pas chez tous de la même manière; l'espoir d'accorder des caractères divers, des passions particulières et le tumulte de plusieurs voix, ne

_____

(1) Cod. civ., art. 1293 et 1885.

serait qu'une dispendieuse illusion. Le préli- Art.
minaire de conciliation n'est point exigé dans 49, § 6.
ce cas.

Cependant un demandeur veut se placer
dans l'exception, et il s'avise de traduire en
justice trois ou quatre parties, quoiqu'il n'ait
de motif véritable que pour en assigner une
ou deux. Faudra-t-il que le tribunal, en dé-
cidant que les unes ont été assignées sans droit
et sans utilité pour la cause, déclare en même
temps que la demande ne peut être reçue
contre les autres, parce que la conciliation n'a
pas été essayée avec elles? Je ne le crois pas.
Le demandeur a pu se tromper de bonne foi : la
fraude ne se présume point; ce serait rendre
trop incertaine la validité d'une foule d'actions, et semer de nouveaux germes de procès
en l'honneur de la conciliation. Pour savoir
s'il y avait dispense, il faut compter les défendeurs. Ceux qui n'ont pas dû être assignés
obtiendront leur renvoi, avec dépens, et
même, s'il y a lieu, avec dommages et intérêts.

Cette doctrine, conforme au texte du Code,
paraît généralement admise; mais le rédacteur
du Journal des Avoués voudrait qu'il fût permis
aux magistrats d'anéantir l'action en entier,

si la fraude était manifeste (1). Peut-être qu'un arrêt ainsi motivé échapperait à la cassation. Toutefois il est difficile d'admettre que cette hypothèse se réalise jamais, et qu'un plaideur fasse des frais considérables qui retomberont nécessairement sur lui, pour esquiver frauduleusement le bureau de paix. Quoi qu'il en soit, la recherche de l'intention, en pareil cas, tournerait toujours un peu vers l'arbitraire ; il y aurait moins d'inconvéniens à prononcer d'après ce qui a été fait, que d'après ce qui a pu être pensé. Je suis fort de l'avis de Bâcon : *Optima lex quæ minimum judici relinquit, optimus judex qui minimum sibi.*

Ce n'est pas que je veuille laisser s'agrandir indifféremment le cercle des exceptions, et défendre à mon intelligence de se mettre en communication avec les vues de ceux qui l'ont tracé. Loin de là, je m'attache toujours à cette supputation de probabilités dont j'ai parlé, parce que c'est le fond du système, et parce que les questions élevées ou à élever doivent y trouver leur solution.

Les exemples déjà posés pourront fournir d'autres démonstrations.

(1) Tome VII, page 250.

La demande en garantie que j'ai formée ART. lorsqu'une instance originaire a été introduite contre moi, n'a pas dû subir l'épreuve du bureau de paix : on sait pourquoi. Mais, au lieu d'appeler mon garant durant cette instance, j'ai plaidé seul, et j'ai succombé; c'est après avoir été forcé de payer, que je viens exercer mon recours. Il est manifeste que cette demande sera à la fois principale et introductive d'une instance, car elle ne pourra plus être accessoire à celle qu'une condamnation vient de terminer contre moi. C'est une nouvelle cause à entamer, une nouvelle discussion à soutenir contre un nouvel adversaire. Quel motif me dispenserait de le citer préalablement pour tenter la conciliation? Aucun, puisque cet état de choses n'autorise pas à la réputer improbable.

La chance de succès est trop faible lorsqu'il y a plus de deux défendeurs : on sait encore cela. Maintenant supposez une action à diriger contre deux maris et leurs femmes, obligés pour la même dette : voilà quatre défendeurs, en nombrant les individus; la question est de savoir s'il y aura dispense du passage en bureau de paix.

Art.   Il faut distinguer :

Les époux sont-ils séparés de biens, soit par contrat de mariage, soit par jugement ? chacun d'eux devra être compté, parce que chacun d'eux a une existence propre, des intérêts distincts et une administration à part (1); parce que la division des droits et des obligations se fait entre eux, comme elle se ferait entre des étrangers qui auraient contracté conjointement.

Les époux sont-ils communs en biens? leur existence légale se confond dans un seul être moral : la communauté. C'est pour elle qu'ils sont censés stipuler et promettre.

Dans le premier cas, ce sont quatre personnes que leur intérêt isole, et que leur nombre rend trop difficiles à concilier.

Dans le second, il n'y a que deux communautés, ou deux unités légales de défendeurs ; la conciliation doit être tentée.

D'autres questions peuvent être résolues de même, en consultant cette pensée capitale que recèlent les textes, et qu'il est facile d'en extraire. Par exemple, faut-il voir autant de

_____

(1) Art. 1536 et 1449 du Cod. civ.

défendeurs qu'il y a de membres dans une société (1), ou dans une union de créanciers? Les uns disent oui, et les autres non (2).

Au premier aspect, ces mots de *société*, *d'union*, présentent l'image d'un faisceau d'intérêts qui ne peut se délier que par l'anéantissement des actes qui l'ont formé, et l'idée d'une seule personne rationnelle agissant, comme la communauté conjugale, avec des vues et une direction compactes, s'il est permis d'ainsi parler. Mais la communauté conjugale a pour chef le mari; il peut non seulement en administrer les biens, il peut encore les vendre, les aliéner, les hypothéquer, sans le concours de la femme (3), parce que cet autre lui-

(1) Autre qu'une société de commerce; car, ainsi qu'on le verra plus loin, il n'y a pas lieu à l'essai de conciliation en matière commerciale.

(2) M. Carré croit qu'il y a dispense de citer en conciliation des associés, ou des créanciers unis, lorsqu'ils sont plus de deux. (Lois de la proc., t. 1, p. 99.) M. Dalloz est d'une opinion contraire. (T. 3, p. 707.)

(3) Code civil, art. 1421. Dumoulin disait sur l'art. 109 de l'ancienne coutume de Paris, que la communauté entre époux était plutôt *in habitu quam in actu*, et que la femme, durant le mariage, *non est propriè socia, sed speratur fore.*

même est réputé, à cet égard, n'avoir point, ou ne pouvoir point avoir d'autre volonté que la sienne. Il n'en est pas de même pour les sociétés : souvent elles n'ont point de chef, ni d'administrateurs particuliers; alors tous les associés sont censés s'être donné réciproquement le pouvoir d'administrer l'un pour l'autre; mais l'un a le droit de s'opposer aux opérations de l'autre (1). Je ne vois là qu'une réunion d'individus spéculant sur le bénéfice qu'ils pourront retirer de ce qu'ils ont placé en commun, et dont les avis et les combinaisons ne se fondent pas toujours dans un parfait accord. Il me paraît donc incontestable qu'une demande formée contre la société devra comprendre tous les associés, et que, s'ils sont plus de deux, il y aura dispense de l'essai de conciliation.

Je sais qu'il peut y avoir un ou plusieurs associés choisis pour administrer. Sont-ils plus de deux? ce serait le même motif de décider. Mais ne sont-ils que deux? n'y en a-t-il qu'un seul? on doit les considérer, en définitive, comme des mandataires que leurs pouvoirs généraux n'autorisent ni à aliéner, ni à hypo-

_____

(1) Cod. civ., art. 1859.

théquer, ni à transiger, ni par conséquent à
se concilier sur les procès intentés contre la
société.

Il n'y aurait pas d'autres principes à appliquer, s'il s'agissait de plaider contre des créanciers unis, ou contre leurs syndics.

La voie est tracée : avez-vous des droits à
réclamer contre une succession ? vous comp-
terez les héritiers, pour savoir si vous devez
observer le préliminaire du bureau de paix.
Ils composent bien dans leur ensemble la représentation du défunt ; mais chacun d'eux
se trouve personnellement tenu, *pour sa por-
tion virile*, des dettes et des charges de la succession, et il forme, sous ce rapport, un défendeur particulier (1).

On dit que les sociétés et les successions
sont des êtres moraux ; cela est vrai pour leur
domicile. Tant que la société existe, tous les
associés sont réputés habiter au lieu où elle
a été établie. Tant que la succession reste
indivise, tous les héritiers sont réputés habiter
au lieu où elle s'est ouverte. Mais cette fiction
ne va point jusqu'à concentrer dans une ex-

(1) Code civil, art. 873.

pression unique la pluralité des intérêts et la diversité des avis.

Je prie qu'on me permette encore de noter une distinction. Quand on dit que la loi dispense de l'essai de conciliation les demandes formées contre plus de deux parties, *quoiqu'elles aient le même intérêt,* il faut entendre cela des parties assignées aux mêmes fins, en vertu du même titre, et non pas de celles contre lesquelles on agirait collectivement, mais par des conclusions dont les chefs seraient divisés et appuyés sur des titres distincts. Cette proposition a besoin d'être éclaircie par un exemple : la vente d'un domaine a été faite par détail et par des actes séparés ; le vendeur assigne tous les acquéreurs, et demande la résolution des contrats, sous le prétexte de l'inexécution d'une clause y insérée. Quel que soit le nombre des défendeurs, ce ne sera point un motif pour se dispenser de les citer en conciliation, parce qu'il y aura dans la demande autant de procès, et dans le jugement à intervenir autant de sentences que d'acquéreurs.

J'ai exposé, du système de la conciliation, la part que la loi a faite à une vraisemblance

qui, malheureusement, n'est pas toujours la Art.
vérité. J'arrive à des règles plus sûres.

Le but de la conciliation est une transaction sur un procès à naître, *propter timorem litis*, comme dit la loi romaine (1). Ce serait un contre-sens que d'en commander l'essai avec des personnes qui n'ont pas la capacité de transiger, ou sur des objets qui ne peuvent être la matière d'une transaction.   48.

La loi désigne, pour l'application de ce double motif de dispense, les causes qui intéressent l'état et le domaine, les communes, les établissemens publics, les mineurs, les interdits, les curateurs aux successions vacantes. 49, § 1.

Cette désignation n'est point limitative ; la dispense s'étend à tous les administrateurs et à tout ce qu'ils administrent : ainsi l'on pourrait y ajouter les héritiers bénéficiaires (2), ceux qui ont obtenu la possession provisoire des biens d'un absent (3), etc.

Toutefois l'incapacité des mineurs et des interdits n'est pas absolue, elle est uniquement dans leur intérêt. Seuls ils peuvent s'en

(1) L. 2, C. *de transact.*, art. 2044 du Cod. civ.
(2) C. c., art. 803.
(3) C. c., art. 128.

prévaloir, car il ne leur est pas plus défendu de faire un bon marché, avec ou sans l'assistance de leurs tuteurs, que de s'y tenir, lorsqu'ils sont affranchis de leurs lisières (1). Mais il eût été inhumain d'obliger une personne *capable* à les appeler en conciliation, et de la condamner, elle et sa postérité, à la crainte de voir détruire un jour ce trop fragile accommodement du bureau de paix (2).

On dira que la loi donne le moyen de faire une transaction solide avec un mineur ou un interdit; cela est vrai : convoquez le conseil de famille, soumettez-lui le projet d'arrangement, demandez son autorisation, faites désigner trois jurisconsultes par le procureur du Roi, obtenez leur avis, portez le tout au tribunal de première instance, ayez un jugement d'homologation, et la transaction

---

(1) Cod. c., art. 1125.

(2) Il n'y a pas de dispense à l'égard du majeur qui fait cause commune avec une personne incapable de transiger, lorsqu'il s'agit d'une chose qui, dans sa livraison, ou d'un fait qui, dans l'exécution, est susceptible de division, soit matérielle, soit intellectuelle, c'est-à-dire, toutes les fois que l'on conçoit la possibilité d'une transaction pour sa part. Voyez l'art. 1217 du Code civil.

ne pourra plus être attaquée pour cause d'incapacité (1). L'attente d'un arrangement douteux vaut-elle bien toutes ces formalités, et
les frais et les longueurs qu'elles entraînent?
L'essai de conciliation durerait et coûterait
quelquefois plus que le procès.

M. le président Favard de Langlade place
les femmes mariées, simplement autorisées à
ester en jugement, parmi les personnes que
l'on est dispensé d'appeler au bureau de paix.
Je partage cette opinion; mais elle n'est pas
admise par tous les auteurs. Ceux qui la rejet-
tent (2) se fondent d'abord sur le silence de la
loi. Ce motif n'est pas fort imposant, car la loi
ne parle point de l'héritier bénéficiaire, et pourtant on est d'accord pour le comprendre dans
l'exception, parce qu'il est incapable de transiger, à moins qu'il ne veuille abdiquer sa qualité, et se rendre héritier pur et simple, ce qui
n'est pas présumable. Ils ajoutent qu'une
femme autorisée à comparaître en jugement,
soit par son mari, soit par la justice, possède
la capacité requise pour faire tous les actes, et

---

(1) C. c., art. 467 et 2045.

(2) M. Carré, Lois de la procéd., t. 1ᵉʳ, page 96, et
M. Dalloz, vᵒ *conciliation*, tom. 3, page 719.

pour remplir toutes les conditions que le procès rend nécessaires.

Mais l'autorisation que le mari, ou les juges, au défaut du mari, donnent à une femme pour réclamer ou pour défendre ses droits, ne renferme point celle de disposer, d'aliéner, et par conséquent de transiger. Supposez cette femme au bureau de paix : que dira-t-elle? qu'il ne lui est pas permis d'entrer en conciliation. Si elle ne le dit pas, et si elle consent à transiger, le demandeur lui-même devra bien s'en garder, car rien ne serait moins assuré que le sort d'une pareille transaction. A quoi se réduira donc la tentative? à une pratique toute sèche, sans intention, sans moralité.

Cette thèse eût été soutenable sous l'empire de la loi de 1790. Aujourd'hui il y a dispense, toutes les fois qu'il existe, d'une part ou de l'autre, incapacité de contracter.

Peut-être voudrait-on, en cas d'heureuses dispositions pour un accord, qu'il y eût suspension, que la femme allât solliciter de son époux ou de la justice l'autorisation expresse qui lui serait nécessaire, et qu'elle revînt se concilier, ou ne pas se concilier, suivant l'accueil que sa requête aurait reçu. On serait

presque conduit, de cette manière, jusqu'à dire ART.
que l'État pourrait au besoin faire rendre une
loi, que les communes, les hospices pourraient
obtenir une ordonnance royale, afin de transiger, et qu'il n'y a ni particulier, ni corporation,
ni établissement, qui ne doivent au bureau de
paix le tribut d'une comparution expectative.

Je passe des personnes avec lesquelles la
loi dispense d'essayer la conciliation, aux demandes qui ne peuvent en être l'objet, quand
même elles seraient principales et introductives d'une instance.

Ce sont celles qui touchent aux bonnes
mœurs, à l'ordre public, aux intérêts de la
société et à la dignité de la justice; comme
les questions sur des droits de naissance, la
légitimité, la filiation, sur la nullité d'un
mariage, sur les séparations entre époux, sur
les dons et les legs d'alimens, sur les nomi-
nations, les excuses et les destitutions des
tuteurs, sur les prises à partie contre les magistrats, et les désaveux contre les officiers ministériels. Je pourrais ajouter : sur les récusations, les règlemens de juges, et les renvois
d'un tribunal à un autre pour cause de parenté, si d'ailleurs, comme on le verra en son

Aʀᴛ. lieu, chacune de ces matières ne formait pas un incident déjà compris dans l'exception.

Viennent ensuite les demandes qui requiè-rent célérité : le temps employé à citer et à comparaître au bureau de paix suffirait souvent pour vider l'affaire au tribunal, et les avan-tages de la tentative seraient presque toujours moindres que les inconvéniens de l'entrave. Telles sont celles de nature commerciale, dans lesquelles on compte les jours ; celles de mise en liberté, dans lesquelles on compte les minutes ; celles en paiement de rede-vances, consacrées aux besoins de la famille, comme les arrérages de pensions ou de rentes, les loyers, les fermages ; telles sont encore toutes les causes où il s'agit de levée d'op-position, de saisie, de scellés, etc.

Les dispositions démonstratives sont tou-jours incomplètes, et souvent elles exposent le législateur à d'inutiles répétitions. C'est un défaut que l'on peut remarquer dans l'art. 49 du Code de procédure. Après avoir dit : « Sont dispensées du préliminaire de conci-» liation, 1° ....., 2° les demandes qui re-» quièrent célérité », l'article s'embarrasse d'une foule d'exemples qui se rapportent à différens motifs, et qui ne présentent, dans

leur distribution, aucun ordre systématique. **Art.**
Je crois qu'il n'était pas besoin de parler des
matières de commerce, des mises en liberté,
des mainlevées de saisies, lorsque le principe de la dispense avait été posé pour toutes
les demandes qui requièrent célérité; ni des
règlemens de juges, des renvois, etc., lorsque
l'on n'avait soumis à l'épreuve du bureau de
paix que les demandes principales et introductives d'instance, et ainsi pour d'autres
objets implicitement compris dans les dispositions générales. Cette forme de rédaction a
des conséquences fâcheuses; elle sert de prétexte à une foule d'argumens tirés tour à tour
de ce que le législateur a dit, et de ce qu'il n'a
pas dit.

L'article finit en dispensant *toutes les causes
exceptées par les lois ;* il n'eût dû être composé que de ces mots, sauf à reproduire l'exception aux titres de la vérification des écritures, des incidens, du désaveu, des règlemens de juges, des renvois, de la procédure
devant les tribunaux de commerce, des saisies, de l'emprisonnement, des référés, des
offres réelles, des séparations, des avis de parens, de la levée des scellés, du bénéfice d'inventaire, etc. C'est ce que je me propose de

Aᴛᴛ. faire : on sentira bien mieux la raison et la nécessité de la dispense, quand on connaîtra la nature des affaires auxquelles elle doit s'appliquer. La meilleure division d'un travail n'est pas celle où l'on suppose, en commençant, que ceux auxquels il s'adresse connaissent ce qui doit suivre.

Je termine cette partie du chapitre par quelques observations qu'il suffira d'énoncer.

L'essai de conciliation est exigé seulement pour les affaires qui doivent être portées de-
48. vant les tribunaux civils de première instance.

Il ne l'est pas lorsque ces tribunaux ont à statuer comme juges d'appel des justices de paix.

Il ne l'est jamais pour les causes portées devant les cours royales, même lorsqu'elles prononcent en premier et dernier ressort, *omisso medio* (1).

Il s'accorderait mal avec la rapidité de la procédure commerciale, cela a déjà été dit.

Il n'était pas besoin de le prescrire pour les justices de paix : on a dû croire que la voix du médiateur s'y ferait toujours entendre avant celle du juge.

(1) Voy. l'*Introduction*, chap. 16, pag. 454.

L'essai de conciliation avec des personnes ART.
incapables de transiger, ou sur des choses qui
ne peuvent être la matière d'une transaction,
est toujours une inutilité, mais jamais une
nullité à invoquer contre l'action qui s'ensuit.
Il en est de même, à plus forte raison, dans
les autres cas d'exception : la loi dispense, elle
ne prohibe pas.

En adoptant le principe du préliminaire de
la conciliation, comme une condition sans
laquelle les demandes non dispensées ne
pourraient être reçues dans les tribunaux 48.
civils d'arrondissement, il a fallu donner des
règles pour le mettre en action.

Il est tout simple que l'on n'ait point imposé
aux parties la nécessité d'une citation et la
longueur d'un délai, lorsqu'elles sont dispo- 48.
sées à comparaître volontairement au bureau
de paix. Il y a déjà de l'accord dans cette
disposition, et c'est un heureux présage pour
le conciliateur.

Mais les comparutions volontaires sont
rares; presque toujours l'essai devient forcé,
et pour obéir au vœu de la loi, le demandeur
doit faire *citer* son adversaire au bureau de
paix, afin de se concilier, s'il est possible,

ART. sur l'action qu'il se propose de porter en justice.

La *citation* est l'assignation donnée pour
comparaître devant un juge de paix, considéré
soit comme juge, soit comme conciliateur.

L'assignation devant les tribunaux civils
se nomme *ajournement* (1).

Les deux expressions avaient été indifféremment employées dans une foule d'articles
du projet de Code de procédure civile; mais,
sur les observations du tribunat, on les dis-
tingua comme je viens de le dire.

Le terme le plus général pour exprimer
tout acte de justice ou de procédure fait par
un huissier, est EXPLOIT, *quod explere, expe-
dire, peragere significat*, selon les vieux
auteurs. On dit exploit de citation, exploit
d'ajournement, exploit de saisie, etc. Ce sont
des exploits de ce genre que la muse de Racine,
dans sa joyeuse humeur, a gravés sur le front
du père de l'Intimé.

C'est devant le juge de paix du défendeur
que la citation doit être donnée pour l'essai
de conciliation. S'il y a deux défendeurs,
50, §1. c'est devant le juge de paix de l'un ou de l'au-

---

(1) Voy. le chapitre suivant.

tre, au choix du demandeur. Cette règle est ART.
générale, elle s'applique à toutes les matières
réelles, mixtes, ou personnelles (1).

Lorsqu'une action va s'engager en justice,
il importe de considérer sa nature, afin de
savoir quel est le tribunal qui doit la décider.
L'action réelle –immobilière est portée au
tribunal de la situation de l'objet litigieux,
parce que là seulement peuvent se trouver
des moyens prompts et faciles pour les vérifications, des preuves presque sous la main,
et des juges instruits des localités (2).

Pour la conciliation, il n'y a point de vérifications à faire, de localités à décrire, d'usages
à constater, de preuves à rechercher. Le
juge de paix n'ordonne rien, il ne décide rien;
il conseille, il éclaire, il essaie d'émouvoir, de
rapprocher et de ménager un accommodement dont il ne sera que le témoin. Son autorité réside tout entière dans la confiance
qu'il inspire, et l'on a dû penser que le défen-

(1) C'est une innovation pour les matières réelles
ou mixtes; la loi du 26 ventôse an iv donnait au demandeur le choix de citer, soit devant le juge de
paix du domicile du défendeur, soit devant celui de
la situation des biens.

(2) Voy. l'*Introduction*, chap. 5, pag. 77 et 78.

Art. deur se rendrait plus aisément aux remontrances du juge de son domicile, qu'à celles de l'étranger qui siége au loin dans le canton où se trouve la chose litigieuse.

5o, § 2. Toutefois, en matière de société, tant qu'elle existe, le défendeur doit être cité devant le juge du lieu où elle est établie ; en matière de succession, tant qu'elle n'est pas partagée,

5o, § 3. devant le juge du lieu où elle s'est ouverte (1). C'est que la fiction de l'être moral subsiste toujours dans cet état de choses ; le domicile de la société, ou de la succession, est indivis, comme les biens dont elles se composent, et le juge de ce domicile est mieux à portée que tout autre de raisonner avec les parties sur la situation des affaires ; il y a, dans cet espèce de chef-lieu, plus de facilités pour avoir les documens qui peuvent servir de base aux propositions et aux arrangemens.

La société est-elle dissoute ? la succession

(1) La loi ne parle point ici, comme au titre des ajournemens, des matières de faillite, parce qu'elles sont de la compétence commerciale. Il est vrai que la demande d'un failli, pour obtenir le bénéfice de cession, doit être portée devant le tribunal civil; mais il s'agit alors d'une question de mise en liberté, et il y a dispense du préliminaire de conciliation.

est-elle divisée ? il n'y a plus d'associés ; il n'y a plus d'héritiers ; il n'y a plus de masse ; l'être moral s'est évanoui : chacun jouit à part de ce qu'il a recueilli, il le confond dans son patrimoine, et chacun doit être cité au bureau de paix de son véritable domicile (1).

Si vous entrez dans l'esprit de cette fiction, et de l'exception que l'on a créée pour la soutenir, vous comprendrez que l'une et l'autre disparaissent, et que la règle générale reprend son empire, lorsque la demande s'adresse à un héritier unique. Il est, dès l'ouverture de la succession, ce qu'il serait après le partage, s'il avait un cohéritier ; et dans quelque temps que ce soit, c'est devant le juge de paix de son domicile qu'il doit être cité pour le préliminaire de la conciliation.

La citation doit être notifiée par un huissier **5a.** de la justice de paix du domicile du défendeur ; tout autre serait sans pouvoir et sans caractère, puisque la loi ne désigne que celui-là.

Quant aux formes de la citation, une ana-

---

(1) A moins qu'il ne s'agisse d'une demande relative à la garantie des lots entre copartageans, ou à la rescision du partage, art. 822 du Cod. civ. Alors l'existence légale du partage est remise en question, c'est comme s'il n'y en avait pas eu.

Art.
1.

logie toute naturelle enseigne qu'elles doivent être les mêmes que celles des citations
qui se donnent en justice de paix. La nature
et le but de l'acte suffiraient seuls pour les faire
deviner.

Il n'y a point de citation s'il n'y a pas quelqu'un qui cite, et quelqu'un qui est cité.
On doit donc y trouver les noms, profession
et domicile de celui qui cite, et les noms et
demeure de celui qui est cité. Il faut que ce
dernier ne puisse pas se tromper sur la personne qui l'appelle au bureau de paix, et qu'il
se reconnaisse bien lui-même dans la désignation de la personne appelée.

Citer, c'est assigner un délai pour comparaître devant un juge. Il n'y a donc point de
citation, si l'exploit n'est pas daté, s'il ne contient pas la fixation du jour et de l'heure de la
comparution, et l'indication du juge devant
lequel on devra se présenter.

Mais que veut-on au défendeur? il faut
bien qu'il le sache ; autrement la loi manque-
rait son but : elle n'aurait ni sagesse, ni
bonne foi, si elle n'exigeait pas que la citation
annonce sommairement l'objet de la conciliation.

La citation n'a rien d'officiel, elle n'oblige

52.

point à comparaître, si l'huissier qui la notifie Art.
ne se légitime pas, en y mettant pour preuve
de sa compétence, et son nom et mention de 52.
son immatricule (1).

L'huissier doit remettre la copie de la citation au défendeur, ou à quelqu'un de son
domicile; s'il n'y trouvait personne, il la laisserait au maire ou à l'adjoint de la commune,
qui viserait l'original.

Ce mécanisme a besoin d'être expliqué pour
ceux qui veulent avoir le compte de leurs
idées. Ce sera d'ailleurs suivre la marche que
je me suis proposée dans cet ouvrage, et préparer l'intelligence des chapitres qui suivent.

Dans l'ancienne manière d'exploiter, le sergent donnait l'assignation verbalement; il
notifiait ou exécutait de même les mandemens
de justice, puis il venait faire au greffe son
rapport de vive voix. « Voilà pourquoi, dit
Loiseau, les *exploits* des huissiers sont ainsi
appelés, c'est qu'ils consistent en faits et non
en écritures (1). » Le juge trouvait dans ce
rapport la garantie nécessaire pour condam-

---

(1) L'*immatricule* est l'acte par lequel un huissier a été inscrit comme ayant pouvoir d'exercer
auprès de tel tribunal.

(2) *Des Offices,* liv. 1ᵉʳ, chap. 4.

ART. ner l'homme assigné qui ne comparaissait pas.

Dans la suite, et lorsque l'art d'écrire vint à se répandre, les huissiers furent tenus de faire par écrit la relation de leurs exploits; la copie de l'acte fut laissée au défendeur assigné, afin qu'il pût connaître ce qui de lui était requis, et n'en prétendît point cause d'ignorance. L'original fut rapporté au demandeur, pour qu'il le présentât en justice, avant de solliciter la sentence.

Il en est de même aujourd'hui, sauf quelques modifications dont je parlerai plus loin.

L'original ou le *rapport* est donc l'acte qui prouve que le défendeur a été cité. La copie est la citation elle-même, laissée soit à sa personne, soit à quelqu'un de sa maison pour lui, soit au maire ou à l'adjoint, afin qu'il la lui fasse parvenir. Le visa du maire ou de l'adjoint s'appose sur l'original, pour certifier que la copie leur a été remise, dans l'absence du cité et des gens de son domicile.

51. Le délai de la citation pour comparaître au bureau de paix est de trois jours. Le projet disait : trois jours *francs*; ce dernier mot a été supprimé comme superflu, parce qu'il y

1033. a, au titre des *dispositions générales,* un article portant que ni le jour de la signification, ni

celui de l'échéance, ne sont comptés dans le Art.
délai général, pour les ajournemens, les citations, sommations, et autres actes faits à personne ou domicile. L'article ajoute que le
délai doit être augmenté d'un jour, à raison
de trois myriamètres (six lieues) de distance
entre le lieu où demeure le cité, et le lieu où
il doit se rendre pour comparaître. On a dis-
puté sur ce qu'il y aurait à décider, si la distance était, par exemple, de quatre myriamètres ; faudrait-il accorder un seul jour
d'augmentation, comme pour trois myriamètres, ou donner deux jours comme pour six?
Lorsque la distance excède trois myriamètres,
on doit accorder un autre jour en considération de l'excédant, et ainsi pour les fractions
au-dessus de six, de neuf, etc.; car la loi
n'oblige la partie citée qu'à faire trois myriamètres par jour, pour se rendre au lieu de
la comparution.

Remarquez que l'augmentation du délai,
à raison de la distance, ne peut s'appliquer,
pour la conciliation, qu'au cas où il y a deux
défendeurs, puisque, s'il n'y en a qu'un, il
doit toujours être cité devant son juge de paix.

Je reviendrai sur ces aperçus, à mesure
que la matière l'exigera.

ART.

Supposez que la citation manque de quelques–unes de ces formalités essentielles, *sans
lesquelles elle ne serait pas*, et que le défendeur ne comparaisse point de bonne volonté :
alors il est évident que le juge de paix n'aura
rien à faire, car il y aurait de l'inconséquence
à constater que celui qui n'a pas été cité n'a
point comparu.

Supposez encore que la citation ait été
donnée devant un juge de paix autre que
celui du défendeur : celui-ci aura le droit d'opposer l'incompétence *ratione personæ* (1). Toutefois, s'il comparaît sans demander son renvoi,
il ne pourra plus se prévaloir ultérieurement
de l'incompétence; car, dès qu'on peut pro-
roger la juridiction territoriale d'un tribunal
qui juge, on le peut, à plus forte raison,
lorsqu'il ne s'agit que d'un essai de conciliation.

Il est des auteurs qui donnent au préliminaire de conciliation le nom de *procédure
préparatoire*; je crois que c'est un désaccord
de mots, et un déplacement d'idées tout contraire à la nature des choses. « La procédure
est la forme dans laquelle on doit intenter les

(1) Voy. l'*Introduction*, chap. 6, pag. 92 et 93.

demandes en justice, y défendre, intervenir, ᴀʀᴛ.
instruire, juger, se pourvoir contre les jugemens et les exécuter (1). » Rien dans cette
définition ne convient à la conciliation; ce
n'est ni une demande, ni une instruction
judiciaire, ni un jugement. Ce n'est point
pour procéder, pour marcher sus en avant,
que l'on appelle les parties au bureau de paix;
ce n'est point pour leur préparer *les voies de
plaideries*, comme disaient les anciennes ordonnances, mais pour les arrêter tout court, et
pour éteindre les différends qui se veulent
mouvoir. Ce n'est point pour juger, que le
juge de paix se trouve là ; c'est pour répéter
et répéter encore ce vieil adage de Maynard :
*Mauvais accommodement vaut mieux que bon
procès* (2). Quand on a dit que le préliminaire
de conciliation était une *procédure préparatoire*, et que l'on vient après, en pénétrant
dans l'intérieur des procès, à parler des *jugemens préparatoires*, ainsi nommés parce qu'ils
sont rendus pour l'instruction de la cause, et 452.
qu'ils tendent à mettre le procès en état de
recevoir jugement définitif, les notions se
heurtent et se faussent; on reste avec cette

(1) Pothier, *Traité de la Procéd. civ.*, pag. 1.
(2) Titre 1ᵉʳ, liv. 5, chap. 63.

impression, que l'essai de conciliation n'est qu'une vaine formalité, une sorte de passe-port dont il faut faire la dépense pour entrer au palais. Le principe s'altère, se détruit, et les conséquences détournées viennent tourmenter la jurisprudence.

M. Dumont, de Genève, interprète habile autant qu'indispensable entre J. Bentham et ceux que les classifications et le néologisme de cet auteur pourraient effrayer, a publié cette année un traité de l'organisation judiciaire, extrait des manuscrits du philosophe anglais. La préface nous apprend que Bentham, ayant suivi avec le plus vif intérêt les travaux de l'Assemblée constituante, regarda cette grande occasion de réforme comme manquée ou compromise. « Cette multitude de tribunaux et de juges, y est-il dit, ces échelles de bureaux de conciliation, ces degrés multipliés d'appel, la publicité du débat oral refusée aux causes civiles, ces frais, ces délais, ces vexations qui se cachaient dans tous les replis de ce système, voilà une partie, et seulement une faible partie, des défauts qui le frappèrent dans la composition du projet (1). » J'avoue que je ne puis

(1) De l'*Organis. judic.* et de la *Codification*, pag. 6 de la préface.

rien comprendre à la sévérité de cette critique. Il n'y avait point de degrés multipliés d'appel, car tout fut réduit à deux degrés de juridiction; et quant au refus de publicité du débat oral, dans les causes civiles, je suis tout-à-fait désorienté. Cette publicité existait avant la révolution, excepté pour les causes de rapport; certes les réformateurs ne songèrent point à la supprimer, lorsqu'ils l'introduisirent, comme en triomphe, dans les débats de la procédure criminelle. « En toute matière civile ou criminelle, les *plaidoyers*, *rapports* et *jugemens* seront publics. » C'est le texte de l'art. 14 de la loi du 24 août 1790.

Mais je m'arrête à ce qui concerne les bureaux de conciliation; l'auteur reconnaît que le but est louable, puis il ajoute :

« Rien de moins efficace ou même de plus contraire au but que le moyen.

» Voici, pour en juger, un dilemme qui me paraît sans réplique : *La décision* des conciliateurs sera rendue sur des raisons insuffisantes, ou sur des raisons suffisantes : dans le premier cas, elle serait injuste; dans le second cas, le bureau de conciliation aurait rempli les fonctions d'une cour de justice.

» L'objet de cette institution est de prévenir les procès ; mais comment les conciliateurs doivent-ils opérer ? N'ont-ils pas les parties à entendre, *des preuves à examiner*, des argumens à discuter ? Mais exposer ses raisons, *faire entendre ses témoins*, c'est plaider ; voilà donc une procédure extrajudiciaire instituée pour prévenir un procès. Il faut que la magie des mots soit bien grande pour que celui-ci ait pu charmer tant de bons esprits (1). »

Il y a dans tout cela une méprise et une confusion extraordinaires.

Jamais les bureaux de conciliation n'ont rendu de décisions ; jamais ils n'ont eu de témoins à entendre, de preuves à examiner, de plaidoiries à apprécier. Il aurait fallu étudier et connaître la loi avant de disserter. On l'a dit avant moi : l'essentiel est de voir les choses telles qu'elles sont. Raisonnez ensuite, vous pourrez encore vous tromper, mais vous n'aurez pas commencé par-là.

La citation au bureau de paix n'est point une action judiciaire, elle n'est même pas un commencement d'action ; on n'y demande point un jugement. C'est un rendez-vous que la loi donne aux parties, afin qu'elles s'ex-

(1) *Ibid.*, chap. 22, pag. 173.

pliquent et s'accordent, si elles le veulent. A<small>RT.</small>
Le conciliateur exhorte et ne décide pas, ses
fonctions n'ont rien de magistral.

On dira peut-être que la citation interrompt la prescription , et fait courir des intérêts , lorsqu'elle est suivie d'ajournement
dans le mois; que, par conséquent, elle doit 53.
être considérée comme un commencement
d'action. Cette induction ne serait pas juste,
parce qu'aucun texte n'exige, pour l'interrup-
tion de la prescription, qu'une action soit com-
mencée. Une interpellation quelconque adres-
sée au débiteur et constatée légalement, suffit (1).
Il était bien juste d'ailleurs de ne pas faire tour-
ner au détriment du demandeur le temps qu'il
doit consacrer à l'essai de conciliation.

Les parties doivent avoir liberté entière, au
bureau de paix, pour s'accommoder, ou ne
s'accommoder pas. La conciliation est un acte
de la volonté. La loi peut organiser un moyen
de rapprochement , l'autorité peut y joindre
ses exhortations; mais ni l'une ni l'autre ne
peuvent y contraindre : car la faculté d'agir
et de poursuivre en jugement ce qui nous
est dû, est un droit légitime (2).

(1) Cod. civ., art. 2244, 2245 et 2246.
(2) D'Olive, *Questions notables,* liv. 2, chap. 1<small>er</small>.

Aʀᴛ.   J'ai parlé, dans mon premier volume, de la
nouvelle procédure adoptée à Genève, et des
commissaires choisis dans le sein du tribunal
pour opérer la conciliation des parties, en tout
état de cause (1). Tout bien considéré, j'aime
mieux nos juges de paix, qui restent étrangers
aux débats ultérieurs de l'affaire, que ces magistrats qui s'interposent afin d'accorder les
plaideurs avant de les juger, et dont l'influence
peut être, en définitive, un sujet de crainte
pour celui qui n'aurait pas cru devoir se soumettre à leur haute médiation.

Le système du Code a été conçu dans un
esprit de grande liberté.

Les parties comparaissent au bureau de
53. paix, soit en personne, soit par un fondé de
pouvoir. Celle qui veut se faire représenter
n'est tenue ni d'alléguer, ni de prouver
qu'elle a des motifs qui l'empêchent de se
présenter elle-même.

Une ombrageuse prévention avait interdit
aux gens de loi l'entrée des bureaux de paix ;
cette restriction imposée à la confiance des
parties n'existe plus.

La loi de 1790 n'admettait que des mandataires munis d'un pouvoir illimité pour tran-

(1) Chap. 12, pag. 298 et 299.

siger; ce danger a disparu. Le mandataire peut
dire: celui qui m'envoie ne veut pas transiger.

Les procès-verbaux de non-conciliation contenaient autrefois les dires, aveux et dénégations des parties (1). Elles venaient là pour s'observer, pour épier un mot, un geste, au lieu d'essayer un accommodement, et le rédacteur de ces dires devenait souvent l'arbitre de la cause. Rien n'était plus insidieux et plus repoussant. Aujourd'hui le demandeur peut expliquer, augmenter sa demande; le défendeur peut à son tour provoquer la conciliation sur celles qu'il juge convenable de former; 53. mais, s'il n'y a point d'arrangement, le procès-verbal ne se charge point de tout ce qui a été dit, avancé et rétorqué. Il y est *sommaire-* 54. *ment fait mention que les parties n'ont pu s'accorder.*

Ces derniers mots, suivant M. Toullier, ne sont point une abrogation de la loi de 1790 : « car, dit le savant professeur, cette loi n'est point une loi relative à la procédure, mais à l'organisation judiciaire, ce qui est tout différent; loin d'être abrogée par le Code, c'est encore elle qui règle l'organisation de la justice de paix, et sa compétence. »

Je réponds qu'il ne s'agit ici ni d'organi-

_____

(1) Loi du 24 août 1790, tit. 10, art. 3.

ART.

1841.

sation, ni de compétence, mais de la forme des procès-verbaux; et que le Code, en retraçant toutes les règles sur ce point, a nécessairement abrogé celles qu'il n'a pas conservées.

M. Toullier ajoute que la disposition de l'art. 54 du Code est une répétition abrégée de la loi de 1790. Cette manière de rédaction ne serait pas fort à la louange des auteurs du Code; je ne connais pas d'exemple d'une loi qui en abrége une autre, pour reproduire ses dispositions. J'ai toujours vu que la nouvelle répétait l'ancienne, ou bien qu'elle s'y référait expressément. Mais, sans m'exposer plus long-temps au désavantage d'une lutte avec un écrivain dont la puissante autorité forcerait la conviction à douter d'elle-même, j'invoquerai le témoignage de ceux qui ont fait et discuté le Code de procédure.

On agitait au Conseil d'État la question de savoir si le préliminaire de conciliation serait maintenu. Après le résumé des débats, le président s'exprima ainsi :

« On ne peut conserver la conciliation dans son organisation actuelle.

» Il est nécessaire, 1° de dispenser les parties de donner à leur mandataire le pouvoir illimité de transiger; 2° *de ne pas faire dres-*

ser *un procès-verbal détaillé des aveux*. Il est Art.
possible que cette formalité devienne un
moyen de circonvenir les hommes simples et
sans connaissances. »

En conséquence :

« Le Conseil maintint le préliminaire de la
conciliation avec les *deux modifications* présentées par le président. »

Et lorsqu'on en vint à l'art. 54, on retrancha
du projet ce qui suit : « Le juge, d'office, ou
sur la demande de l'une des parties, fera à
l'autre des interpellations ; pourront même les
parties s'en faire respectivement, *et du tout
sera fait mention, ainsi que des dires, aveux
et dénégations des parties.* »

Maintenant on pourra soutenir, si l'on veut,
qu'il eût été mieux de ne pas faire ce retran-
chement ; il n'en sera pas moins incontestable
qu'il a été fait.

Toutefois il ne serait pas raisonnable de
tirer de ces documens une conséquence trop
absolue. On a voulu proscrire les détails de
dires, d'allégations, de répliques, de dénégations, j'ai presque dit de bavardage, où la
subtilité de l'art ne manquait pas de trouver
des aveux, des commencemens de preuves,
des faits à contredire, et des enquêtes à pro-

voquer. Les abus en ce genre avaient fait du bureau de paix une sorte de guet-apens.

Mais supposez qu'une reconnaissance formelle et précise soit faite par l'une des parties: Par exemple : le défendeur auquel on demande le paiement d'une somme de 1,000 fr., avoue qu'il la doit, et réclame un délai pour payer. Le délai est refusé, il n'y a point de conciliation. Ni la lettre, ni l'esprit de la loi ne s'opposent à ce qu'on dise sommairement dans le procès-verbal : « Le défendeur, répondant à la citation, a bien reconnu être débiteur de la somme dont il s'agit ; mais il a déclaré ne pouvoir l'acquitter de suite, et il a réclamé un délai de six mois. Les parties ne s'étant point accordées sur ce point, nous les avons renvoyées, etc. »

Remarquez d'ailleurs qu'en pareil cas, il y a demande du défendeur opposée à celle du demandeur, et que le procès-verbal doit en faire mention, parce qu'elle pourra être reproduite devant le tribunal. Ce n'est point là ce que le Conseil d'État a entendu supprimer, lorsqu'il a admis la modification tendant à ce qu'il ne soit plus dressé de ces espèces d'interrogatoires, de ces procès-verbaux *détaillés des dires et aveux, qui peuvent devenir un moyen*

de circonvenir des hommes simples et sans
connaissances.

De même, et l'analogie se fait aisément apercevoir, si l'une des parties défère le serment
à l'autre, sur le point qui fait l'objet de la tentative de conciliation, la loi veut que le juge
de paix le reçoive, ou qu'il fasse mention du
refus de le prêter.

Il n'y a point de contradiction entre cette
attribution qui lui est donnée, et ce que j'ai
dit de la nature de son office au bureau de
paix.

La délation du serment n'est là qu'une proposition de conciliation ; le refus du serment
déféré n'est que le rejet de cette proposition.

Si le serment est prêté, le juge de paix fait
un procès-verbal de conciliation ; s'il est refusé,
le juge de paix fait un procès-verbal de non-
conciliation. Il ne prononce rien, il ne rend
point de sentence, il ne condamne point, soit
qu'il reçoive le serment, soit qu'il énonce le
refus de le prêter. Il n'aurait pas même le
droit d'ordonner la comparution personnelle
de la partie à laquelle le serment est déféré,
lorsque celle-ci est représentée par un mandataire ; car ce serait mettre de l'autorité là
où il ne peut donner que des conseils. Seule-

ment il constaterait, le cas échéant, que le mandataire est convenu, avec l'autre partie, du renvoi de l'essai de conciliation à tel jour, pour que le mandant vienne, s'il le trouve convenable , s'expliquer sur l'offre qu'on lui fait de s'en rapporter à sa religion.

Il ne s'agit point ici du serment *litis-décisoire*, dont parle l'article 1361 du Code civil, parce que l'essai de conciliation, sur une action que l'on a dessein de former, n'est pas une *litispendance*. Celui qui a refusé de prêter le serment a refusé de se concilier, voilà tout. Il n'en conserve pas moins le droit de faire valoir tous ses moyens en justice, si l'affaire y est portée.

Il est facile maintenant de déterminer la nature et la force des conventions insérées dans un procès-verbal du bureau de paix, lorsque les parties viennent à s'accorder.

Ces conventions ont la force d'obligations 54. privées, dit la loi. Quelques mots d'explication sont nécessaires, car cela n'est pas rigoureusement exact.

Une obligation sous seing privé peut être déniée ou méconnue ; alors foi ne lui est pas due, jusqu'à ce que la partie, qui s'en prévaut,

ait fait procéder en justice à la vérification dé Art.
l'écriture ou de la signature (1).

Mais l'arrangement convenu en présence
du magistrat qui préside au bureau de paix,
rédigé sous l'influence de sa médiation légale,
revêtu de sa signature et de celle de son greffier , devient un titre authentique , parce
qu'il a été reçu par un officier public compétent (2). Il n'a donc pas besoin d'être reconnu
et vérifié en justice, soit que les parties aient
signé, soit qu'il ait été fait mention qu'elles
ont déclaré ne savoir ou ne pouvoir signer. Il
fait pleine foi des clauses et des énonciations
qu'il renferme , et leur sincérité ne peut être
attaquée que par la voie ouverte contre tout
ce qu'il y a de plus authentique : l'inscription
de faux.

Sous ce rapport, le procès-verbal de conciliation a plus de force qu'une obligation
privée.

Cependant il en a moins qu'un contrat passé
devant notaire, qui admet la stipulation de
l'hypothèque (3), et moins encore qu'un

(1) Cod. civ. , art. 1323 et 1324.
(2) *Ibid.*, art. 1317, 1319.
(3) Cod. civ., art. 2127.

ART. jugement qui la produit de lui-même (1). Il n'a
point l'autorité de ces actes que l'on met immédiatement à exécution sur les biens, et quelquefois sur la personne du débiteur : c'est-à-
dire qu'il faut, en cas de nouvelles difficultés,
recourir à la justice réglée, et faire consacrer
par une condamnation les conventions insérées au procès-verbal du bureau de paix, si
l'on veut leur donner la force exécutoire et la
vertu hypothécaire.

Une amende de dix francs est encourue par
le demandeur qui n'a pas comparu sur sa
propre citation, ou par le défendeur qui n'a
pas obéi à celle qui lui a été signifiée. Toute
audience leur est refusée, quand l'action est
introduite devant le tribunal, jusqu'à ce qu'ils
56. aient exhibé la quittance du receveur (2).

Ce n'est point le juge de paix qui condamne :
son office se réduit à faire mention du défaut
de comparution sur le registre de son greffe,
et sur l'original de la citation, si c'est le demandeur qui se présente seul, ou sur la co-

(1) Cod. civ., art. 2123.
(2) L'amende était de 3o fr. avant le Code de procédure civile ; loi du 26 ventôse an 4.

pie, si c'est le défendeur. La solennité d'un procès-verbal serait inutile.

La peine est prononcée par les juges saisis de la cause, sur le vu du certificat de non-comparution. Toutefois ils peuvent accorder la remise de l'amende, et la permission de plaider, à celui qu'une maladie, un accident, une force majeure auraient empêché de se présenter (1).

Cette disposition me ramène naturellement à une question sur laquelle je me suis déjà expliqué dans mon premier volume (2), et qui mérite d'être un peu plus approfondie.

Il s'agit de savoir si *l'inadmissibilité* de l'action qui devait être précédée d'une citation au bureau de paix, et qui ne l'a pas été, est une règle d'ordre public ; si elle peut être invoquée en tout état de cause, et même appliquée d'office par les juges ; ou bien si ce manquement à la loi n'opère qu'une nullité d'intérêt privé, à laquelle les parties peuvent

(1) Décision du ministre de la justice du 15 novembre 1808. Sirey, 1809, 2ᵉ partie, pag. 54.

(2) Pag. 296.

Aʀт. renoncer, et qu'elles couvrent en discutant le fond de l'affaire.

Remarquez, avant tout, que l'article 48 du Code de procédure n'est que la reproduction de l'article 2, titre 10 de la loi de 1790, sauf l'exception pour les personnes incapables de transiger, et les objets qui ne peuvent être la matière d'une transaction.

Or, depuis 1791 jusqu'en 1803 (l'an XI), il avait été constamment reconnu et jugé que le préliminaire de la conciliation était une mesure d'intérêt général; que le silence des parties ne dispensait pas le juge d'y veiller; et l'on ne manquait pas de répéter, à ce sujet, l'ancienne maxime : *Privatorum pactis juri publico derogari non potest*. Il n'y a point d'arrêt de ce temps-là, il n'y a point de livre, pour ce que j'en sais, où l'on ait essayé de projeter sur cette doctrine l'ombre d'un argument.

Mais l'institution des bureaux de paix était tombée en discrédit. Cette belle théorie ne rendait point tout ce qu'elle avait promis, et l'on ne vit pas assez, peut-être, que c'était la faute de ceux que l'on avait choisis pour la mise en œuvre.

Un premier arrêt de *rejet*, rendu le 9 germinal an XI, vint fonder une jurisprudence nouvelle. Trois autres décisions semblables de la Cour suprême annoncèrent, dans le cours de la même année, que désormais *la partie qui n'aurait point opposé, devant les premiers juges, le défaut d'un essai de conciliation préalable, serait non recevable à s'en faire ultérieurement un moyen de nullité et de cassation.*

Les Cours royales, hors celles de Grenoble (1), de Toulouse (2) et de Dijon (3), se sont approprié ce système : « Attendu, disait la Cour de Rennes, le 8 janvier 1812 (4), que l'essai de conciliation *n'est plus considéré, ainsi qu'il l'a été pendant quelques années,* comme une mesure d'ordre public, dont l'omission ne pouvait être couverte... » Tous les auteurs, si l'on excepte ceux du Praticien Français, M. Chauveau, dans son Journal des Avoués, et M. Poncet, dans son Traité des Actions, sont revenus purement et simplement sur ce qu'ils avaient enseigné d'abord, et ils s'accordent à dire que le contraire *est aujourd'hui reconnu.*

(1) *Journal des Avoués*, tom. 7, pag. 167.
(2) *Ibid.*, tom. 27, pag. 121.
(3) *Ibid.*, tom. 32, pag. 291.
(4) *Ibid.*, tom. 7, pag. 166.

Ni les arrêts, ni les auteurs n'ont rendu raison de la nouvelle doctrine ; car dire que l'essai de conciliation ne tient pas à l'ordre public , que la transgression de cette formalité produit une nullité relative, qui se couvre par des défenses au fond, ce n'est pas le démontrer.

Je ne mets point en ligne de compte les idées des publicistes; à eux permis de s'élever dans une sphère de perfectionnement, et de planer au-dessus des institutions. Au palais et dans l'école , il faut attendre les améliorations ; l'autorité de la loi réside dans ce qu'elle est, et non dans ce qu'elle devrait être. *Meminisse debent judices esse muneris sui jus dicere , non autem jus dare* (1).

Toutefois M. le président Favard de Langlade ne s'est pas tenu à l'extérieur de la question; il l'a discutée , et il a développé en ces termes les motifs du changement que la solution a subi :

« La Cour de cassation a distingué, conformément à la loi du 4 germinal an II (2),

_____

(1) Bacon , *de officio judic.*

(2) Voici l'art. 4 de cette loi :

« Si c'est par le fait de l'une des parties, ou des fonctionnaires publics agissant à sa requête, qu'a ce qui est *du fait* des parties, et ce qu'elles Art. doivent indiquer, d'après les principes *de la loi* que les juges doivent en général se borner à connaître ; et elle a considéré l'exception résultant du défaut d'essai de conciliation, comme une chose de fait que les parties doivent indiquer aux juges, sous peine d'être censées renoncer à en tirer avantage. »

Si la loi du 4 germinal an II fait encore partie de la législation spéciale concernant la Cour suprême, il est du moins impossible d'en argumenter devant les autres cours et tribunaux, surtout depuis la mise en activité du Code de procédure. 1041.

Puis observez que la loi du 9 nivôse an V, rendue en interprétation de celle du 4 germinal an II, a déclaré que cette dernière n'avait trait qu'aux *actes de procédure.* De même, l'article 173 du Code veut que *les nullités d'exploit ou*

été omise ou violée *une forme* prescrite, soit à peine de nullité par les lois antérieures à 1789, soit purement et simplement par les lois émanées des représentans du peuple, (la peine de nullité y était toujours sous-entendue, art. 1er de la même loi), cette violation ne peut donner ouverture à la cassation, que lorsqu'elle a été alléguée par l'autre partie devant le tribunal dont celle-ci prétend faire annuler le jugement, pour n'y avoir pas eu égard. »

Art. *d'actes de procédure* soient couvertes par toute
autre exception ou défense (1).

Or invoquer ici, soit la loi du 4 germinal an II, soit l'article 173 du Code, n'est-ce
point travestir la pensée du législateur?

La conciliation est-elle un acte de procédure? Ne pas l'essayer, n'est-ce simplement
omettre qu'une forme?

Le préliminaire de la conciliation a été institué pour prévenir les procès, pour maintenir la paix publique. Il n'est ni une action,
ni le commencement d'une action. Il n'est
point un acte de procédure; car le premier
acte de la procédure est l'ajournement en
justice. Il n'est point une forme; car la forme
n'est que l'ordre et le style de la procédure,
de l'instruction et du jugement. Il n'est point
une garantie du droit de défense; car on ne
vient pas en conciliation pour se défendre. Il
n'y a pas de juge au bureau de paix; celui qui
le tient n'a pas le pouvoir d'ordonner, de
prescrire, de prononcer : sa mission est de
rapprocher les gens, et de leur remontrer les
risques auxquels va les exposer une proces-
sive opiniâtreté.

(1) Autre que celles d'incompétence. *V*. ci-après
chap. 9.

L'action portée en justice sans essai préa- Art.
lable n'est pas nulle, à proprement parler, si
elle est revêtue de toutes les formes requises ;
mais elle ne doit pas y être reçue.

« Aucune demande principale introductive
d'instance entre parties capables de transiger,
et sur des objets qui peuvent être la matière
d'une transaction, NE SERA REÇUE *dans les
tribunaux de première instance*, que le défen- 48.
deur n'ait été préalablement appelé en conciliation devant le juge de paix, ou que les
parties n'y aient volontairement comparu. »

Telle est la loi : elle ne s'adresse pas aux
parties pour leur défendre de présenter une
action avant l'épreuve du bureau de paix ; elle
s'adresse aux tribunaux pour leur défendre de
la recevoir. Il s'ensuit que la *recevabilité*
doit être vérifiée par les juges, sans qu'il soit
besoin que les parties les en avisent.

Si tous les hommes étaient disposés à se rapprocher et à s'entendre, on ne les eût point obligés de venir essayer la conciliation avant que
de les laisser plaider. Ce n'est pas un droit
qu'on leur a accordé, c'est un devoir qu'on
leur a imposé.

Les parties peuvent renoncer à un droit in-
troduit en leur faveur ; mais peuvent-elles

ART. s'affranchir mutuellement d'un devoir que la loi commande ? Et n'est-il pas d'une incontestable évidence que tout ce qui est prescrit en vue de prévenir, de diminuer, ou d'abréger les procès, appartient à un ordre d'intérêt plus élevé qu'une nullité d'exploit ?

S'il faut que les juges soient avertis, n'ont-ils pas auprès d'eux des sentinelles chargées de veiller, de conclure et de requérir? L'amende encourue pour le défaut de comparution au bureau de paix, ne doit-elle être prononcée, au profit de l'État, que sur la dénonciation de l'un des plaideurs? Certes on ne le dira pas, car les peines ne sont point à la disposition des particuliers. Il y a donc une vérification à faire d'office, et si elle doit être faite pour le défaut de comparution, comment ne devrait-elle pas l'être pour le défaut de citation?

On objectera qu'il n'y a pas lieu à l'amende pour le défaut de citation. Cela s'explique :

La condition exigée pour l'accès du tribunal a été remplie, quand le défendeur a été cité au bureau de paix : l'action est reçue ; mais le manquement de celui qui n'a pas comparu est puni d'une amende.

Le demandeur a-t-il négligé de citer préala-

blement? Il peut n'avoir été coupable que d'une
erreur; il se sera cru dispensé. C'était à tort : son
action est inadmissible ; les juges le repoussent
jusqu'à ce qu'il ait offert le sacrifice qui doit lui
ouvrir l'entrée du sanctuaire. Voilà sa peine.

Je le répète, et je ne sais si je dois m'en accuser, il m'est trop difficile de concevoir ici le
moindre prétexte d'application pour la loi du
4 germinal an II, ou l'article 173 du Code.

Il y a au titre de la requête civile, deux
articles qui veulent qu'elle *ne soit pas
reçue* (1), si celui qui la présente n'a pas
consigné d'avance 300 fr. pour amende ,
150 fr. pour les dommages et intérêts de l'autre
partie, et s'il n'a pas signifié en tête de sa
demande, outre la quittance du receveur, une
consultation favorable de trois avocats. Pré-
tendra-t-on aussi que l'omission de ces préliminaires peut être couverte, et que la requête
civile sera reçue, si la partie qui aurait eu intérêt d'opposer la *non–recevabilité,* commence
par proposer ses défenses au fond ?

Je pourrais tirer avantage d'un autre article,
où l'analogie est plus transparente encore.
Lorsqu'un plaideur a perdu son procès en
première instance , la faculté d'interjeter

ART.

494.
495.

(1) Même expression que celle de l'art. 48.

ART. 449. appel lui est interdite, jusqu'à ce que huit jours se soient écoulés depuis la prononciation du jugement. C'est un essai de conciliation que la loi lui prescrit avec lui-même ; elle a voulu laisser à son humeur encore bouillante le temps de s'apaiser, et ne pas lui permettre de s'embarquer durant la tempête. Supposez qu'un appel ait été interjeté avant la huitaine, et que l'adversaire n'ait point signalé ce vice avant de plaider sur le fond : faudra-t-il, pour cela, que les juges le reçoivent, et cette belle moralité sera-t-elle abandonnée à la passion et à l'impatience des parties (1)? Ce n'est point ici le lieu de traiter des appels; mais je puis dire, dès à présent, que le doute ne s'est point encore avancé de ce côté de la question (2).

On se récrie sur le grave inconvénient qu'il y aurait à souffrir que l'irrégularité d'une action soustraite à l'essai de conciliation, puisse être relevée en tout état de cause, ce qui ferait recommencer l'affaire sur nouveaux

---

(1) V. *les Questions de Droit* de M. Merlin, v° *Appel*, § 9.

(2) *V*. les arrêts cités par M. Dalloz, *Collect. nouv.*, v° *Appel*, tom. 1er, pag. 512 et suiv. *V*. aussi le *Journal des Avoués*, tom. 7 et 25.

frais. On pourrait en dire autant dans une foule de circonstances. Mais il est pour les tribunaux un moyen tout simple de trancher la difficulté ; c'est d'exécuter la loi, c'est de ne pas recevoir une action, excepté dans les cas de dispense, sans avoir acquis la certitude que le défendeur a été préalablement cité au bureau de conciliation, ou que les parties y ont volontairement comparu. Cette précaution n'entraînerait point de longueurs, point d'embarras, point de dépense ; car, si le demandeur n'a pas été rebelle à la règle, il a dans sa main le procès-verbal de non-conciliation, ou le certificat de non-comparution, dont il a dû faire signifier la copie en tête de son ajournement.

Il est rare qu'une institution ne puisse pas être critiquée par quelque endroit. Mais, « lorsque la loi contient une disposition expresse ; lorsque cette disposition n'est ni obscure, ni insuffisante ; *lorsqu'elle peut être exécutée dans les termes où elle est conçue*, sans qu'il soit besoin de la modifier ou d'y ajouter, les tribunaux sont tenus de s'y conformer, et ne peuvent pas s'écarter de ce qu'elle prescrit littéralement, sous le prétexte d'en rechercher le sens ou l'esprit, ou *de la rendre plus parfaite.* »

Art.   Ainsi s'exprimait la Cour suprême, à son audience du 7 juillet 1828, en cassant un arrêt
de la Cour royale de Lyon (1).

Les âges de la jurisprudence peuvent être
courts, mais la loi doit durer ; nous avons plus
besoin encore de sa solidité que de sa per-
fectibilité.

On a vu plus haut que la citation au bureau
de paix interrompt la prescription, et fait
courir les intérêts, pourvu que la demande,
en cas de non-conciliation, ou de non-compa-
57. rution, soit judiciairement formée dans le
mois. Ce n'est pas que la citation soit un acte
d'instance, et qu'elle constitue un litige, puisqu'elle est destinée à prévenir et l'instance
et le litige ; mais l'effet de l'action qui la suit
rétroagit au jour où la conciliation a été essayée. Il est juste que le temps employé par
le demandeur à ce préliminaire ne soit pas
entièrement perdu pour lui.

La condition que la loi a mise à cette ré-
troactivité est de toute sagesse; car une partie
pourrait se borner à citer au bureau de paix,

(1) *Journal* de M. Dalloz, 8ᵉ cahier de 1828,
pag. 317.

de temps à autre, sans aborder l'entrée du   Art.
tribunal. Elle prolongerait ainsi successive-
ment, par des démonstrations incertaines,
les délais de la prescription et les inquiétudes
de son adversaire (1).

On a demandé si la comparution volontaire
des parties, au bureau de paix, doit produire
les mêmes effets que la citation?

Les uns soutiennent la négative, parce que,
disent-ils avec un arrêt de la Cour de Colmar,
le Code ne donne la vertu d'interrompre la
prescription qu'*au fait* de la citation.

Les autres adoptent l'affirmative, comme
plus conforme à l'esprit de la loi. Je n'hésite
point à me ranger de leur côté.

La citation ne sert qu'à mettre le défendeur
en demeure de comparaître, et à prouver qu'il
a été appelé; c'est toute sa valeur. La vertu
d'interrompre la prescription, et de faire
courir les intérêts, est attachée à l'interpellation qui se trouve nécessairement dans une
tentative de conciliation. Or, il n'est pas be-

---

(1) La loi de 1790 n'avait pas fixé le délai dans
lequel la demande devait être formée, après l'épreuve
du bureau de paix, pour interrompre la prescription
et faire courir les intérêts.

Aʀᴛ. soin de citation pour prouver que le défendeur a été interpellé, quand les parties se sont volontairement présentées, afin de s'expliquer, et qu'il en a été dressé procès-verbal par le juge de paix.

L'opinion opposée répand un faux jour sur le fond des choses; elle tend à prohiber la comparution volontaire, et à renverser l'économie de la loi, qui autorise les parties à s'épargner les frais d'une citation et les longueurs d'un délai : c'est une sorte de contre-sens qui heurte le système de l'essai de conciliation; car, ainsi que le disait le Tribunat sur l'art. 48, on doit bien mieux espérer qu'un différend se terminera de gré à gré, lorsque les gens s'entendent encore assez pour venir d'eux-mêmes au bureau de paix (1).

Le passage au bureau de paix n'a point été suivi dans le mois d'un ajournement en justice : la prescription du droit court, et les intérêts ne courent pas; on sait cela. A part la prescription et les intérêts, il reste à décider par combien de temps se perdra l'effet de l'essai de conciliation. En d'autres termes : pourra-t-on

(1) *Esprit du Code de procéd.*, par M. Locré, tom. 1ᵉʳ, pag. 114.

former encore la demande judiciaire , cinq Art.
ans, dix ans, vingt ans , vingt-neuf ans après,
sans être obligé de tenter un nouvel essai ?

Il y a bien un article du Code qui dit :
« Toute instance sera éteinte par discontinua- 397.
tion de poursuite pendant trois ans. » Mais
le préliminaire de conciliation n'est ni une
instance, ni une poursuite. La loi n'a donc pas
de dispositions particulières sur ce point.
C'est une lacune à remplir , et chacun y a
porté son tribut.

Les auteurs veulent, en général, que l'effet
de la tentative de conciliation dure autant que
l'action à laquelle elle se rapporte.

Ainsi, supposez une action qui dure trente
ans, c'est sa plus longue vie. On a passé au
bureau de paix dès sa naissance ; vingt-neuf
années s'écouleront, et il sera permis encore
de porter directement l'affaire au tribunal.
Cette conséquence peut être rigoureusement
vraie.

D'un autre côté , tout en reconnaissant que
le préliminaire de la conciliation n'est pas une
instance , on prétend qu'il n'a pu entrer dans
l'esprit de la loi de perpétuer son effet , et de
maintenir, pendant une si longue suite d'années,
cette faculté menaçante qui permet à tout mo-

ment de dénoncer les hostilités. On argumente, par analogie, des dispositions de l'article 397 : « Il est bien plus présumable, dit M. le président Favard de Langlade, que la partie qui, après avoir inutilement essayé la conciliation, reste trois ans sans former sa demande, en a abandonné le projet, qu'il n'est à croire que celle qui s'est enfoncée dans un procès a l'intention de ne plus le continuer, lorsqu'elle reste trois ans sans le poursuivre. Le principe de la péremption s'applique donc avec beaucoup plus de force à la tentative de conciliation qu'à une instance; et puisque le législateur a établi la péremption triennale pour les procès, il l'a établie à plus forte raison pour l'essai de conciliation.

» Pourquoi voudrait-on que celui qui ne se concilie pas aujourd'hui, ne vînt pas, dans l'espace de trois ans, à des dispositions plus pacifiques? Le retour à la conciliation est toujours favorable, et nous ne doutons pas que le demandeur qui laisse passer trois ans sans commencer l'instance, ne soit tenu de faire une nouvelle tentative de conciliation. »

Cette opinion est fort sage et fort imposante; mais, jusqu'à présent, elle ne tire sa force que d'une présomption. Est-ce bien assez pour

établir une déchéance, ou pour l'étendre ainsi Art.
d'un cas à un autre? Toutefois j'ai trouvé
quelque chose de plus positif, touchant l'intention des auteurs du Code. On discutait au
Conseil d'Etat l'art. 57; un des membres demanda quel motif on avait, pour n'attacher à
la citation en conciliation l'effet d'interrompre
la prescription, que lorsque l'action aurait
été intentée dans le mois. Le rapporteur
répondit : « On n'a voulu faire de la citation
un moyen d'interrompre la prescription, que
quand elle sera réellement le préliminaire
de l'action à qui seule cet effet appartient; il
ne faut pas que la partie puisse se borner à
citer en conciliation *tous les trois ans*, en élu-
dant toujours de faire juger son droit. »

Le procès-verbal de la séance ne fait mention d'aucune remarque sur ces paroles, et
l'article fut adopté (1).

On regardait donc comme un point arrêté,
que l'effet du préliminaire de conciliation
devait s'éteindre après trois ans, et que, ce
délai passé, il faudrait recommencer.

(1) Séance du 5 floréal an XIII. V. *l'Esprit du
Code de procédure*, par M. Locré, tom. 1er, pag.
136 et 137.

CHAPITRE II.

DES AJOURNEMENS.

(Liv. 2 , tit. 2, art. 59-74 du Code de Proc.)

Art. La médiation du conciliateur n'a rien produit au bureau de paix ; il faut venir devant
le juge. *Cum res peragi intra parietes nequis-
set, in jus ventum est,* disait Tite-Live, à propos d'un procès qui fit grand bruit dans la
ville d'Ardée (1).

Nul ne doit être condamné s'il n'a pu se
défendre : cette maxime s'aperçoit partout
établie, aux premières lueurs d'ordre et de
justice que virent poindre les siècles barbares.
*Elle fut le type de tous les Codes. L'adou-
cissement des mœurs, les progrès de la civilisation et le bon sens de l'expérience l'ont

(1) Liv. 4, c. 9.

organisée en divers systèmes de règles et ART.
de formes, suivant la nature des affaires
et la qualité des parties. Les meilleurs sont
ceux où elle se développe et se ramifie, sans
qu'on cesse de la voir ou de la sentir.

L'ajournement est une garantie indispensable du droit de défense : *ajournement est loi
de nature et de gens*, disait Ayrault (1). Lorsque celui contre lequel une condamnation est
demandée ne se présente point, elle ne doit
pas être prononcée, s'il n'apparaît qu'il a été
réellement appelé.

Ces conséquences sont aussi évidentes que
leur principe. Les règles et les formes dont je
viens de parler ont été tracées par le droit positif, pour fixer la certitude légale, sous la foi
de laquelle il est permis de juger.

Le fond des idées simples a dû être le même
en tout pays. C'est ainsi que, dans l'origine,
on vit, du nord au midi, le demandeur som-
mer lui-même son adversaire de venir devant
le juge; prendre des témoins, en cas de refus,

(1) *Instruction judiciaire*, pag. 8. *Citatio,
quoad defensionem, est juris naturalis, quia fit
ut is cujus interest se defendat.* Rebuffe, *de citat., præfat.*, n° 22 et 25.

2. 5

ART. ou l'y traîner de vive force, quand faire se
pouvait : *manum endo jacito*, disait la loi des
Douze-Tables. Ce qu'il y a de plus remarquable, à ce sujet, c'est l'usage presque universelle-
ment répandu de pincer l'oreille de ceux que
l'on prenait à témoin ; il se montre en même
temps chez les Grecs, chez les Romains, et
chez les peuples de la Germanie. On sait
bien que l'espèce de sorcellerie mythologique
dont les premiers étaient infatués, avait
consacré l'oreille à la mémoire, comme le
front à la pudeur, la main droite à la
bonne foi, et les genoux à la compassion :
*est in aure imâ memoriæ locus quam tangentes
attestamur* (1) ; mais les farouches habitans
des bords du Rhin n'y mettaient point d'al-
légorie : ils tiraient sérieusement l'oreille de
ceux dont ils se proposaient d'invoquer le témoignage, et ils les frappaient, afin que le
souvenir de ces traitemens leur rappelât celui
du fait à prouver : *unicuique de parvulis ala-
pas donet, et torqueat auriculas, ut ei in post-
modùm testimonium præbeat* (2). *Ille testis per*

(1) Pline, *Natural. Hist.*, lib. 2, chap. 45.
(2) *Lex Ripuar.*, tit. 60, *cap.* 1er. Baluze, tom. 1,
pag. 44.

aurem debet esse tractus, quia sic habet lex Art. *vestra* (1). Cette coutume était encore observée dans les Pays-Bas, en l'année 1247, si l'on s'en rapporte à l'auteur de la grande Chronique Belgique.

A Rome, celui que l'on emmenait devant le juge devait être relâché, s'il trouvait une caution pour répondre de sa comparution dans un délai fixé (2). Le riche ne pouvait présenter qu'une caution riche : *assiduo vindex assiduus esto;* le premier venu pouvait être la caution du pauvre : *proletario qui volet vindex esto* (3). On pardonnerait presque la brutalité du *manum jacito,* en faveur de cette belle disposition.

Le temps a fait en toutes choses l'éducation de l'esprit humain; son action s'est fait sentir sur les lois, en même temps que sur les mœurs. Il fallut modifier l'application des Douze-

(1) *Lex Bajuvar.*, tit. 25. *Ibid.*, pag. 130.

(2) L. XII *Tabularum, tab.* 1, l. 5, et l. 22, § 1, ff. *de in jus vocando.* Ce cautionnement s'appelait *vadimonium.*

(3) L. XII *Tabul.*, *tab.* 1, l. 6. Assiduus, *vel locuples, ab asse vel œre dando.* Cic., *in Topic.*, *cap.* 2. *V.* aussi Festus, v° *Assiduus.*

Aɴᴛ. Tables, forger d'autres freins, donner d'autres garanties, établir des distinctions, admettre des excuses, et polir des formes trop rudes.

Les édits des préteurs et les interprétations des jurisconsultes firent d'abord plusieurs classes.

La première comprenait les personnes qu'il n'était pas permis d'appeler en jugement : comme les magistrats supérieurs, durant l'exercice de leurs charges, les consuls, les préfets, les préteurs, les proconsuls, et tout ceux qui avaient la puissance du glaive (1). Comment aurait-on pu arrêter et conduire au tribunal celui qui marchait entouré de licteurs, pour faire ranger le peuple sur son passage ? Tels encore les pontifes, *dùm sacra faciebant* (2); les juges assis sur leur tribunal, *dùm de re cognoscebant* (3) ; les plaideurs occupés à

---

(1) *In jus vocari non oportet, neque consulem, neque præfectum, neque prætorem, neque proconsulem, neque cæteros magistratus qui cœrcere aliquem possunt et jubere in carcerem duci.* L. 2, ff. *de in jus voc.* Suivant un fragment de Varron, cité par Aulugelle, liv. 13, chap. 13, les édiles et les questeurs pouvaient être ajournés.

(2) L. 2, ff. *de in jus voc.*

(3) *Ibid.*

discuter leur cause devant le préteur, *dùm* ART.
apud prætorem causam agebant (1); les personnes attachées au service des autels, tant
que duraient les sacrifices et les cérémonies,
qui propter loci religionem inde se movere non
poterant (2); ceux qui suivaient un convoi
funèbre, ou rendaient les derniers devoirs à
un parent, à un ami, *funus ducentes fami-*
liare, justave mortuo facientes, vel cadaver
prosequentes (3); ceux qui voyageaient aux
frais de l'Etat pour le service public, *qui equo*
publico in causâ publicâ transvehebantur (4);

---

(1) *Ibid.*

(2) Il en est qui croient que ces mots sont une
interpolation de Tribonien, en faveur des moines et
des religieuses. *V.* Duarein, *ad tit. de in jus voc.*,
cap. 3.

Rœvard, *Variorum, lib.* 1, *cap.* 6, veut qu'au-
lieu de *se movere,* on lise d'un seul mot *semoveri,*
et il l'applique à ceux qui, réfugiés dans un temple,
ou aux pieds de la statue du prince, ne pouvaient
en être arrachés. Ce système est fortingénieux, mais
j'ai préféré l'interprétation de Wissembach, *Disput.*
7, pag. 33.

(3) L. 2 et l. 3, *eodem.*

(4) Cujas, *lib.* 13, *Observat.*, cap. 29, et lib.
21, cap. 9, pense que ce texte se rapportait à la
transvection, ou revue des chevaliers romains, qui

Art. les époux qui célébraient leurs noces , *qui uxorem ducebat aut quæ nubebat* (1). -

Pour d'autres, il fut défendu de les ajourner sans la permission du préteur : c'étaient les parens, c'est-à-dire les ascendans des deux sexes et de tous les degrés, les patrons, les enfans et les parens des patrons; *prætor aït : parentem, patronum, patronam , liberos, pa- rentes patroni patronæve, in jus sine permissu meo, ne quis vocet* (2).

D'autres encore purent bien être appelés *in jus,* sans l'autorisation du magistrat; mais il ne fut pas permis de mettre la main sur eux , pour les emmener au tribunal. Telles, par exemple, les mères de famille, c'est-à-

---

avait lieu tous lès ans devant le censeur, aux ides de juillet, depuis le temple de l'Honneur, situé hors de la ville, jusqu'au Capitole.

(1) L. 2 , ff. *de in jus voc.*

(2) L. 4, § 1 et 2, l. 6, ff. *de in jus voc.* On re- marquera que la permission d'ajourner leurs parens n'était accordée qu'aux enfans émancipés, et à ceux agissant pour leur pécule *castrense ;* car, hors ces cas , les enfans étaient dans les liens de la puissance paternelle , et il leur était défendu d'appeler leurs parens en justice, *jure magis potestatis, quàm præ- cepto prætoris !* l. 8, ff. *de in jus voc.*

dire toutes les femmes d'honnête condition, Aʀᴛ
mariées ou non, ingénues ou affranchies; car
on disait à Rome : *neque nuptiæ neque natales
faciunt matresfamilias, sed boni mores* (1).

Il n'y a rien de positif sur la question de
savoir si l'ancien droit romain permettait d'entrer dans la maison d'un homme, pour l'appeler en justice. Seulement on voit dans la
loi 18, ff. *de in jus vocando*, que, suivant
l'avis du plus grand nombre, c'était un acte
illicite : *plerique putaverunt nullum de domo
suâ in jus vocari licere.* Toutefois, si celui
auquel on en voulait ouvrait sa porte, ou se
faisait voir du dehors, on pouvait lui crier : *in
jus te voco* (2); mais arracher un citoyen
de son foyer et de l'autel de ses dieux domestiques, pour le traîner au tribunal, c'eût été une
violence impie, un détestable sacrilége (3).
Il est difficile de résister à l'entraînement d'un
sujet qui donne l'occasion de rappeler ces

(1) L. 46, ff. *de Verb. signif.*

(2) *Sed si aditum ad es præstet, aut ex publico
conspiciatur, rectè in jus vocari eum Julianus
dicit.* L. 19, ff. *de in jus voc.*

(3) *Sed etsi is qui domi est, interdùm vocari
potest, tamen de domo suâ extrahi nemo potest.*
L. 21, *eodem.*

Art. belles paroles de l'orateur romain : *Quid est sanctius, quid omni religione munitius quàm domus uniuscujusque civium ? Hìc aræ sunt, hìc foci, hìc dii penates, hic sanctæ religionis ceremoniæ continentur. Hoc perfugium est ità sanctum omnibus, ut inde abripi neminem fas sit* (1).

Ce n'est pas qu'on eût, en se retirant au fond de sa demeure, et en se dérobant aux regards, le privilége de rendre un créancier muet, et la justice impuissante; loin de là, le demandeur pouvait, après certaines formalités, obtenir d'être mis en possession des biens du défendeur, qui se cachait pour n'être pas ajourné (2). Mais ce point appartient plus spécialement au chapitre des jugemens par défaut.

(1) *Pro domo.*

(2) *Satisque pœnæ subire eum, si non defendatur et latitet, certum est, quòd mittitur adversarius in possessionem bonorum ejus.* L. 19, ff. *de in jus voc.* Le juge ordonnait au défendeur de paraître, par trois édits rendus de dix jours en dix jours, publiés et affichés; c'était après ces délais que la possession des biens était adjugée au demandeur. L. 7, § 1, ff. *Quibus ex causis in possessionem eatur.* 68, 69 et 70 ff. *de judiciis.*

Il était permis d'appeler en jugement celui ART.
que l'on rencontrait aux bains, au théâtre, ou
dans sa vigne. *Sed etiam à vineâ et balneo et
theatro nemo dubitat in jus vocari licere* (1).
Pourquoi la vigne se trouve-t-elle mentionnée
là, plutôt que toute autre espèce de terre?
Cette question n'a pas manqué d'exercer
les savans. Cujas, s'appuyant sur le texte
des basiliques, veut qu'il y ait eu *januâ*
au lieu de *vineâ* (2). Denis Godefroi, flot-
tant entre beaucoup de conjectures, se détermine pour la plus mauvaise, je crois,
pour le mot *cauponâ* (3). Bynkershoek
substitue *lineâ* à *vineâ* : ici *lineâ* signi-
fierait la ligne qui servait à distinguer, dans le
cirque, les places des spectateurs, de sorte
qu'en disant *à lineâ*, ce serait comme si l'on
eût dit : *à circo* (4). Cette opinion est la plus
raisonnable; car la restitution du mot *lineâ*,
dans ce sens, réunit, par une analogie de dispositions, trois endroits publics : le cirque, le
bain et le théâtre, avec lesquels une vigne
n'a rien de commun. Le copiste a pu très-faci-

(1) *Leg.* 20, ff. *de in jus voc.*
(2) Lib. 22, *Observat.*, cap. 38.
(3) *In notis ad leg.* 20, ff. *de in jus voc.*
(4) Lib. 2, *Observat. jur. rom.*, cap. 3.

lement se tromper, et écrire *vineâ* pour *lineâ*. Il est bien dit, dans une autre loi du Digeste, qu'il était, défendu d'appeler en jugement pendant la durée des moissons et des vendanges (1). Cela se conçoit. Mais, la récolte finie, celui qui était dans sa vigne pouvait être appelé, comme celui qui était dans son champ, ou dans son pré : et comment expliquer que le législateur ait songé à le dire, pour la vigne seulement, à propos de bains et de théâtre ?

Les anciennes pratiques des ajournemens disparurent sous le règne de Justinien ; le droit des Novelles vint obliger tout demandeur à rédiger ou à faire rédiger le libelle de ses prétentions (2), et à le faire notifier au défendeur, avec sommation de comparaître en jugement : *offeratur ei qui vocatur ad judicium, libellus* (3). On nommait *executores* les officiers

---

(1) *Ne quis messium vendemiarum que tempore, adversarium cogat ad judicium venire.* L. 1, *in princ.*, ff. *de feriis et dilat.*

(2) *Novell.* 112, cap. 2.

(3) *Novell.* 53, cap. 3.

chargés de cette notification. Celui qui la ART.
recevait signait le libelle, en faisant mention du
jour où il lui était remis : *suscribere libello et
declarare tempus quo ei libellus datus est*(1).
Un délai de vingt jours lui était accordé pour
préparer ses moyens de défense, ou tenter
des voies de transaction : *ut sive repudiare vo-
luerit, sive etiam alium judicem petere, licen-
tiam habeat hoc facere, aut fortè cognoscere
delictum, et liberare se ab adversarii sui con-
tentione amicabiliter* (2).

L'ajournement fut d'abord appelé *mannition*, chez les Francs. Le demandeur, de sa
propre autorité, se rendait avec plusieurs témoins à la maison de celui qu'il voulait *mannir*, et parlant à sa personne, ou à sa femme,
ou à quelqu'un de sa famille, il le sommait de
comparaître tel jour devant tel juge (3).

(1) *Ibid.*
(2) *Ibid.*
(3) *Ille autem qui alium mannit, cum testi-
bus ad domum illius ambulet, et sic eum manniat
aut uxorem illius, vel cuicumque de familiâ illius denuntiet ut ei faciat notum quo modo sit
ab illo mannitus. Pactus leg. salic.*, tit. 1, cap. 3.
Baluze, tom. 1, pag. 283.

Art. Celle des parties qui ne comparaissait pas était condamnée à payer à l'autre quinze sous d'amende, à moins qu'elle n'eût été retenue par un empêchement légitime : *si eum sunnis non detinuerit* (1).

On ne pouvait pas *mannir* l'homme occupé ailleurs pour le service du Roi (2). Il y a dans Marculfe une formule des lettres d'Etat, *pro causâ suspensâ*, que le souverain adressait aux juges, en pareil cas, avec des qualifications qui variaient suivant l'importance des personnages : *Cognoscat magnitudo, seu utilitas vestra, dùm, et nos ad præsens, apostolico viro illo, aut inlustri viro, pro nobis utilitatibus ibi ambulare præcipimus, ideò jubemus ut, dùm in illis partibus fuerit demoratus, omnes causas*

---

(1) *Ibid.*, cap. 1 et 2.

Sunnis signifiait *essoine* ou empêchement. F. Pitthou donne une autre version, suivant l'édition germanique : *Si eum infirmitas aut ambascia dominica detinuerit, vel fortè aliquem de proximis mortuum inter domum suam habuerit, per istas sunnis se potest homo excusare.* Baluze, tom. 2, pag. 682.

(2) *Nam si in jussione regis fueri toccupatus, manniri non potest. Pactus Leg. salic.*, tit. 1, cap. 4.

suas, suis que amicis aut Gasindis (1), *in sus-* ART.
penso debeant residere.

L'amende ne dégageait point de sa dette le
défendeur non comparant ; elle était seulement la peine de son mépris pour la *manni-*
tion. Au bout d'un certain temps, et après
quatre sommations successives, les biens du
défaillant étaient séquestrés, puis il en était
disposé suivant le bon plaisir du prince. Charlemagne fit un règlement là-dessus : il or-
donna que les délais seraient de sept nuits
pour la première sommation, de quatorze
nuits pour la seconde, de vingt et une nuits
pour la troisième, et de quarante-deux nuits
pour la quatrième (2) ; que l'amende de quinze
sous serait encourue pour chacun des trois
premiers défauts ; que le séquestre suivrait
le quatrième, et que la confiscation ne serait
prononcée qu'après l'expiration de l'année.

(1) GASINDOS *pro servis aut fidelibus accipio qui*
dominis suis perpetuò adhærent. Note de J. Bignon
ad Marculfum. Baluze, tom. 1, pag. 906.

(2) *Prima mannitio super noctes septem, se-*
cunda super noctes quatuor decem, tertia super
noctes vigenti et unam, quarta super noctes qua-
draginta et duas fiat. Capitul. Karoli magni,
anno 803, cap. 33. Baluze, tom. 1, pag. 397.

ART. On voit que nos aïeux ne comptaient pas leurs délais par jours, mais par nuits : *nec dierum numerum , ut nos , sed noctium computant, sic constituunt, sic condicunt, ut nox ducere diem videatur* (1) ; de là ces mots que l'on trouve dans les vieux livres : *comparoir dedans les nuicts* ; de là cette expression *anuict*, formée de *hac nocte*, au lieu de aujourd'hui, *hodiè*. Les gens du peuple s'en servent encore, dans quelques provinces. César fait dériver cette coutume de la haute idée que les Gaulois avaient de leur origine. Ils se disaient issus de Pluton, et pour eux la nuit était plus noble que le jour : *Galli se omnes ab dite patre prognatos prædicant, idque ab druidibus proditum dicunt. Ob eam causam spatia omnis temporis, non numero dierum, sed noctium finiunt* (2). Jérôme Bignon n'admet pas cette opinion ; il pense que l'on comptait par nuits plutôt que par jours, dans les contrées septentrionales , parce que les nuits y sont beaucoup plus longues que les jours (3). De

(1) Tacite , *de Moribus Germanorum.*
(2) *Comment.*, lib. 6.
(3) *Notæ ad leg. saliç.*, tit. 42. Baluze , tom. 2, pag. 846.

même les Anglo-Saxons comptaient, non par ART.
années, mais par hivers (1).

La *bannition*, ou assignation par le ban du
juge, succéda à la *mannition*. Les comtes, les
viguiers et les centeniers, sur la requête du
demandeur, décernaient un ordre pour que
l'adversaire eût à se présenter devant eux.
Ce mandement était porté par un envoyé,
missus, et ils n'en faisaient faute, parce qu'ils
s'appliquaient le profit des amendes, en cas de
non-comparution. Les abus vinrent à un tel
point, sous les faibles successeurs de Charlemagne, que les juges citaient les gens à leur
tribunal, sans en avoir été requis, et les for-
çaient à plaider les uns contre les autres. On
fit quelques capitulaires contre cette avide
vexation : *ut nullus ad placitum banniatur,
nisi qui causam suam quærit, aut si alter ei
quærere debet* (2). Mais alors les règles et les
formes de justice s'évanouissaient, et tous
les offices devinrent un patrimoine que les
occupans exploitèrent à leur gré (3).

(1) *In leg. Canuti R.*, chap. 10.
(2) *Capitul. Lotharii apud Otonam*, cap. 3;
Baluze, tom. 1, pag. 321.
(3) Voyez l'*Introduction*, chap. 15, pag. 425
et 426.

ART.　　Les établissemens de St. Louis ramenèrent quelques idées d'ordre et de justice; on y découvre à la fois les traces des anciens usages, et les germes de cette procédure, que le droit canon, les ordonnances de réformation, les arrêts et les coutumes compliquèrent à l'envi. L'ajournement n'y est plus *un droit de nature*, comme du temps des *mannitions* de la loi salique; c'est encore le *ban* des capitulaires, qui prend le nom de *semonce;* mais la signification en est faite par des sergens assermentés, *per ministros in curiâ præsentatos et juratos* (1), en vertu d'une commission du juge. « Se aucun vient devant le prévost et muet question de marchié qu'il ait fait, encontre un autre, ou demande héritage, li prévost semondra celui dont l'en se plaindra. Et quand les parties vindront à ce jour, li demandiere fera sa demande, et celuy à qui l'en demande, respondra à cel jour mesme, si ce est de son faict (2). »

Toutefois l'orgueil de la féodalité et les délicatesses de la chevalerie ne permettaient pas qu'un gentilhomme fût assigné comme un vilain. Les grands vassaux pairs de France

(1) *Lois anglo-normandes*, tom. 2, pag. 273.
(2) *Etablissemens*, liv. 1, chap. 1.

étaient ajournés par lettres du roi : *Pares* Art. *Franciæ adjornantur solum per regem, et non per alium judicem* (1).

Les comtes et les barons étaient semoncés à la cour par un sergent royal, en présence de quatre chevaliers ; on disait : *sergent à roi est pair à comte* (2). Mais ils n'étaient pas tenus de répondre à la semonce donnée par un autre officier, parce qu'ils avaient le privilége de ne pouvoir être ajournés que par leurs pairs. Jeanne, comtesse de Flandre, assignée par deux chevaliers en 1224, *proposuit se non sufficienter fuisse citatam per duos milites, quia per pares suos citari debebat* (3).

La semonce du roturier se donnait par les sergens ordinaires attachés à chaque juridiction ; hors de leur territoire, ils n'avaient plus de caractère public. « Le sergent d'un baillage ne peut faire exécution ou exploit, en autre baillage ; ne on est tenu de l'y obéir, car il n'a aucun pouvoir (4). » Les ordonnances con-

---

(1) *Styli parlament.*, par. 1, *cap.* 3, § 1.

(2) Loisel, *Règles du Droit français*, liv. 1.

(3) *Notes et observations sur les Coutumes de Beauvoisis*, pag. 377.

(4) Desmares, décis. 112, dans Brodeau, sur la *Coutume de Paris*, tom. 2, pag. 572.

2. 6

Aʀᴛ. tenaient, à cet égard, les plus formelles prohi-
bitions (1); un grand nombre d'arrêts de règlement les avaient consacrées. Mais, en ce temps-
là, les lois fiscales tendaient incessamment à
détruire ce que les lois civiles s'efforçaient d'é-
difier. On créait et l'on vendait des offices de
sergent, avec privilége d'exploiter par tous les
lieux et endroits du royaume, pays, terres et
seigneuries de l'obéissance du Roi, sans qu'il
fût besoin d'autre congé ni permission. Cette
faveur s'étendait, moyennant finance, à tous
les huissiers des cours souveraines et subalternes , présidiaux , élections , greniers à
sel, etc.; puis on la retirait, puis de nouveaux
besoins la faisaient rétablir (2). Une déclaration du 1ᵉʳ mars 1730 prononça des peines
*contre cet abus , dont la durée ne pouvait pas
l'emporter sur l'ancienneté de la règle.* Ce fut en
vain ; l'ancienneté de la règle n'a pu triompher
que par la nouvelle organisation judiciaire (3).

(1) Ord. de 1302, art. 28 ; de 1629, art. 32 ; de
667, tit. 2, art. 2.

(2) Edits de mai 1568 , janvier 1586; arrêt de règlement du 4 mars 1600 ; arrêt du conseil privé du
28 mars 1601. *Voy.* le *Recueil* de Filleau , tom. 2,
pag. 292 et 293.

(3) *Voy.* les lois du 20 mars 1791, art. 11 , 12 et

L'ajournement se faisait de vive voix, en Art.
présence de deux témoins, *ou recors*, qui
accompagnaient le sergent, afin de rendre
témoignage *de visu et auditu.*

Le roturier était assigné le matin pour comparaître le soir, ou le soir pour le lendemain.
« Tu peux semondre ton vilain, du matin au
vespre, et du vespre au matin, » disait le sire
des Fontaines, en son Conseil, chap. 3. Au
noble, il fallait au moins un délai de quinzaine; cependant le noble était sujet à la
loi *vilaine*, s'il possédait des héritages en
roture, et s'il y couchait et levait (1).

Ces inégalités déshonoraient encore plus la
justice, qu'elles n'opprimaient le *vilenage.* Dès
l'année 1283, le bailli de Clermont en Beauvoisis faisait des vœux pour que la règle ne
fût pas observée à rigueur contre les *povres
subjects* : « car, ajoutait-il, quand les coutumes
commencèrent à venir, on les commença à
maintenir pour le quemun pourfit, non pas
pour ouvrer felonnessement, ne cruelle-
ment (2). » Elle n'existait plus du temps de

13; du 27 ventôse an 8, art. 96, et le décret du 13
juin 1813.

(1) Beaumanoir, chap. 3 et 30.
(2) Beaumanoir, chap. 3.

Bouteiller. Le terme de l'ajournement fut fixé à sept jours francs , *en cas personnel*, et à quinze, *en cas réel;* puis on y ajouta les jours de grâce, *à quantité et espace de pays* (1). Par l'usage de France, suivant l'expression des anciens auteurs, la fixation de ces délais fut long-temps abandonnée à la discrétion du juge, qui devait s'y gouverner avec prudence et religion (2). Cependant il y avait quelques coutumes qui contenaient des termes fixes : ainsi, en Bretagne, « l'ajournement était compétent, quand il y avait huit jours d'intervalle, et que l'ajourné n'était en distance de plus de trois lieues ; et au-dessus de dix lieues, devait y avoir quinzaine, et au-dessus de vingt lieues, trois semaines , s'il n'y avait autre convention entre les parties ; toutes lesquelles assignations étaient franches (3). »

Je crois qu'il serait difficile de dire précisément l'époque à laquelle durent cesser les assignations verbales, et de trouver, dans

(1). *Somme rurale*, pag. 16 et 10.
(2) Carondas , sur le *Code Henri* , pag. 139.
(3) Art. 24 de la Cout.

les monumens du moyen âge, la première loi qui prescrivit aux sergens de faire par écrit leurs rapports d'ajournemens, de les signer et d'en laisser copie au défendeur. Ce qui n'est pas douteux, c'est qu'il y avait été pourvu dès avant l'ordonnance de 1539, donnée à Villers-Coterets, par François Ier; car on lit dans l'article 22, « que de toutes commissions et ajournemens, seront tenus les sergens de laisser copie aux ajournés ou à leurs gens et serviteurs, ou de les attacher à la porte de leurs domiciles, et en faire mention par l'exploict. »

Les mœurs judiciaires de cette époque offrent un trait de caractère fort remarquable : je veux parler de leur résistance opiniâtre à tous les édits de réformation. On doit en attribuer la cause aux préjugés des provinces, au défaut de lien entre elles, aux incertitudes de la jurisprudence, aux dispositions *comminatoires*, et aux prétentions routinières des justiciers. Vous voyez l'ordonnance de 1539 commander aux sergens de faire leurs assignations par écrit : suivez, et vous verrez, en 1563, l'ordonnance de Roussillon défendre à toutes personnes, *ne sachant écrire leurs noms*, de s'entremettre de

faire office d'huissier, à peine de crime de faux;
.vous verrez la coutume de Poitou défendre aux
juges de recevoir les sergens en leurs offices,
s'ils ne savent *lire et écrire* (1); avancez jusqu'à l'ordonnance de 1667, et vous serez con-
vaincu qu'il y avait encore des sergens qui ne
savaient *ni écrire ni signer*, puisque l'art. 14
du titre 2 enjoignait à tous ceux qui se trouvaient dans cette catégorie, de se défaire de
leurs offices sous trois mois, et à tous justiciers de n'en pourvoir aucun. Il fallut,
en 1711, un arrêt de règlement, pour faire
exécuter ces dispositions dans le ressort du
parlement de Toulouse, et un autre arrêt, en
1724, pour défendre, dans l'Alsace, l'usage des
assignations verbales. La coutume de la ville
d'Aire, en Artois, qui ne fut rédigée et approuvée qu'en 1743, bien long-temps après
l'ordonnance, les admettait encore.

Enfin, jusqu'à la loi du 29 septembre 1791,
sur l'administration forestière, il avait été permis aux gardes des forêts royales d'assigner
de vive voix les personnes trouvées en délit,
ou fuyant devant eux ; et sur un pareil rapport on condamnait. L'auteur du Code des

(1) Art. 386.

seigneurs, M. Henriquiez, essayait de justifier cet usage en disant, « que si l'on obligeait le garde à aller chercher le délinquant,
pour l'assigner à son domicile, les bois, pendant ce temps, demeureraient exposés à des
dégradations (1). » Jousse voulait que l'on n'en
usât ainsi qu'à l'égard des personnes viles, et
de celles dont le domicile était éloigné, ou
absolument inconnu (2). Ces raisons étaient
détestables; Fréminville en a fait justice dans
sa Pratique des Terriers (3). Comment était-il
possible que l'homme fuyant, à tort ou à raison, apprît, par des cris qualifiés d'assignation, le jour et le lieu où il devait comparaître,
le délit qu'on lui imputait, et les réparations
qu'on lui demandait? Était-il connu? il fallait dresser procès-verbal, et aller le signifier
à son domicile avec assignation. Était-ce un
inconnu que l'on n'avait pu arrêter? une assignation, une instruction, un jugement contre
un *certain quidam*, comme on disait alors,

(1) *Répert. de Jurisprud.*, v° *Gardes des bois
du Roi.*

(2) *Comment. sur l'art.* 9 *de l'Ordonn. des
eaux et forêts.*

(3) Tit. 4, sect. 3, quest. 11.

Art. n'étaient que des figures de procès inutiles,
et souvent ridicules.

En Normandie, on avait conservé l'ancienne
clameur de *Haro*, qui obligeait le *clamé* de
suivre le *clamant*, et de comparaître de suite
devant le juge. Si le différend ne pouvait être
vidé aussitôt, on faisait donner à l'une des
parties, caution de poursuivre le *Haro*, et à
l'autre, de le défendre. C'était la *mannition* de
la loi Salique. Le *Haro* devait être crié devant
témoins, et il pouvait l'être, non-seulement
en cas de violence, mais encore, en matière
civile, pour les actions possessoires. On raconte
que Guillaume-le-Bâtard, dit le Conquérant,
septième duc de Normandie et roi d'Angleterre, étant mort à Rouen, au mois de septembre 1087, son corps fut transporté et in-
humé dans l'église de St.-Étienne de Caen,
qu'il avait fait bâtir, en partie, sur un petit
morceau de terre appartenant à un pauvre
homme de la ville; que cet homme, nommé
Asselin, arrêta la pompe funèbre du prince
par une clameur de *Haro* : *Locus in quem in-
fertis istum hominem est meus* (1).

(1) *Encyclop. méthod.*, v° *clameur de haro;*
l'origine de cette clameur vient, dit-on, d'une in-

Il était encore d'usage, même sous l'ordonnance de 1667, si l'on en croit Rodier (1),
qu'à défaut d'huissier, la partie pût donner
l'assignation elle-même, avec l'assistance de
deux témoins qui signaient l'exploit. Cet
usage, qui se fondait sur la loi d'une préten-
due nécessité, ne devait pas être très-rassu-
rant pour la conscience du juge, lorsqu'il
échéait de prononcer par défaut contre le
défendeur. Si, comme il est raisonnable de
le penser, on ne permettait point au poursuivant d'ajourner de sa personne, avant d'avoir
fait constater qu'il n'avait pu trouver d'huissier sous sa main, cette formalité demandait-
elle moins de temps qu'il n'en eût fallu pour
faire commettre un huissier des environs?
Au vrai, il n'y avait dans tout cela que la
faiblesse d'un système tourmenté par mille
pratiques rivales, toujours rebelles aux progrès de l'ordre et de l'uniformité.

Quand on voulait agir contre ces gens sans

---

vocation à Raoul ou Rollo, premier duc de Normandie, renommé par son grand amour de la justice. *Haro* s'est dit ensuite par corruption de *ah*,
Rollo!

(1) *Comment.*, tit. 2, art. 2, quest. 2

Art. domicile connu, qui demeurent partout, et que les huissiers ne trouvent nulle part : *vagabundi, ità ut nesciretur ubi haberent domicilium* (1), on les faisait assigner *par cri public et son de trompe,* sur le principal marché du lieu où l'affaire devait être jugée. Cette manière d'ajournement s'appelait *·assignation à la Brétéche* : on désignait par ce vieux mot la place servant aux publications et proclamations de justice. Les assignations aux étrangers se donnaient également à cri public, sur les côtes et confins du royaume, *le plus près où celuy demeurait qui adjourné estait* (2). En Belgique, l'huissier affichait la copie de l'ajournement dans la Brétêche, puis il l'adressait à la personne assignée, par une lettre chargée à la poste, et il dressait du tout son procès-verbal (3).

L'ordonnance de 1667 ne conserva le cri public que pour les gens sans domicile ; mais ce reste d'une insignifiante fiction s'est tout-à-fait effacé de la législation actuelle. Les

(1) *Styl. parl.*, *cap. de adjornam.*, § 15.

(2) *Somme rurale*, page 11.

(3) Questions de Droit de M. Merlin, *v° assignation,* § 2.

Romains disaient avec raison : *vox præconia* Art.
paucis innotescit (1).

Il y avait anciennement peu de sûreté pour
le sergent qui se risquait à porter des assignations chez les gens de difficile accès, *superbes, contumax, violens, craints et résidans
en lieux forts* (2). Guénois raconte l'histoire
d'un huissier de Bordeaux, auquel un grand
seigneur fit couper les deux oreilles; d'autres
furent jetés par les fenêtres, d'autres furent
tués (3). Force fut de permettre d'assigner
ces terribles châtelains du bas de leurs mu-
railles, et d'attacher les exploits aux poteaux
de la barrière, *in palis,* ce qui ne se pratiquait pas toujours impunément. Le clergé fit
des représentations, et le roi Henri III rendit à Melun, en février 1580, un édit portant que toutes personnes, ayant seigneuries
ou maisons fortes, seraient tenues d'élire domicile dans la ville royale la plus prochaine de
leur résidence, afin qu'on pût y laisser les

(1) *Authent. qui semel. Cod. quomodo et quando
jud.,* etc.
(2) *Imbert,* liv. 1, chap, 6, pag. 50.
(3) Encyclop. math., v° *huissier.*

Art. assignations, commandemens et tous autres exploits qui devaient leur être signifiés. Cette disposition passa négligemment, et comme une clause de style, dans l'ordonnance de 1667. Ce n'était plus la peine d'y songer sérieusement, car alors les donjons étaient devenus moins inaccessibles, et tel personnage qui naguère aurait inquiété la cour, en se retirant dans ses terres, allait docilement se rendre à la Bastille, sur l'ordre d'un ministre de Louis XIV.

La nécessité d'une commission, ou mandement d'assigner délivré par le juge, subsistait encore dans les justices royales. On s'en était affranchi dans les juridictions subalternes, à cause de la modicité des affaires ; là, disait-on, *l'huissier a sa commission dans sa manche* (1).

L'article 10 du titre 2 de l'ordonnance de 1667 les supprima dans tous les siéges inférieurs, même royaux, et ne les maintint que pour les cours et tribunaux jugeant en dernier ressort. Enfin une déclaration rendue plus d'un siècle après, en 1778, étendit la suppression jusqu'aux présidiaux, tant en

_____

(1) Guénois.

première instance qu'en appel, *afin de procurer* **Art.**
un plus grand soulagement aux sujets du roi.
On se demande si les sujets du roi ne méri-
taient pas autant de faveur, et s'ils avaient un
moindre droit à cette allégeance, quand ils
étaient obligés d'aller plaider devant les cours
souveraines ? Les mandemens d'assigner n'é-
taient, à bien dire, qu'une complication fis-
cale ; ils se vendaient et se délivraient au
greffe, sans examen préalable : *Imò ratio erat*
ad eruscandas pecunias, comme disait Dumoulin. L'article 34 de la loi du 27 mars 1791
les a tout-à-fait abolis.

La justice de cette époque faisait une autre
sorte de spéculation sur le parchemin : je
veux parler des *lettres royaux.*

Nous avons conservé cette vieille maxime :
Les voies de nullité n'ont pas lieu de droit en
France. Aujourd'hui comme autrefois, hors
les cas extraordinaires où la loi déclare un
acte nul *ipso jure,* il faut que la nullité,
pour qu'elle produise son effet, soit proposée
et jugée.

Mais, autrefois, les vices qui donnaient ouverture à la rescision des contrats, ne pouvaient être allégués dans une demande, si
l'on n'avait préalablement obtenu des lettres

Art. du prince, portant autorisation pour l'impé-
trant, d'introduire son action en justice, et pour
les juges, de la recevoir : c'est ce qu'on avait
nommé, jusqu'en 1790 ; *lettres royaux*. Il y
a d'anciens mots que l'on peut regretter *sua-
vitatis causâ ;* mais je ne conçois guère le
respect dévotieux qui conserva, pendant
si long-temps, aux lettres royaux, leur anti-
que rouille de solécisme. La formule conte-
tenait l'exposé des faits , tels qu'ils étaient pré-
sentés par le demandeur; puis , s'adressant
aux juges, le prince était censé dire : « Nous
vous mandons que les parties intéressées étant
assignées devant vous, s'il vous appert de ce
que dessus , et notamment qu'il y ait eu dans
ledit contrat dol (ou erreur, ou lésion , ou violence, etc.) et autres choses tant que suffire doivent, en ce cas, vous remettiez les parties en
tel et semblable état qu'elles étaient avant ledit
contrat; ce fesant, vous condamniez, etc. » A
part la banalité de ces formules, on pourrait y apercevoir quelque rapport avec les
primitives exceptions du droit romain (1).

L'usage des lettres royaux a été aboli par

(1) *Voyez* le premier volume, *chap.* 5, pag. 88
et 89.

l'article 20 du décret du 7 septembre 1790 :
« En conséquence, dit l'article 21, il suffira,
dans tous les cas où lesdites lettres étaient
ci-devant nécessaires, de se pourvoir par-devant les juges compétens pour la connois-
sance immédiate du fond. »

Tous les édits rendus sur le fait de la justice avaient prescrit aux huissiers de se faire
assister, pour les ajournemens, de deux témoins ou recors, qui devaient signer avec
eux l'original et la copie de l'exploit.

Ainsi le pratiquait-on dans les âges les plus
reculés, comme je l'ai déjà fait observer.

L'ordonnance de 1667 garda cette disposition (1). Deux ans étaient à peine écoulés, que l'on revint là-dessus. On considéra
que l'usage des recors avait été établi pour
mieux assurer la foi des exploits, et pour
empêcher les huissiers d'y commettre des anti-
dates et faussetés ; mais que ces précautions
avaient été rendues inutiles, par l'habitude
dans laquelle ils s'étaient mis de se servir de
recors les uns aux autres, et de se confier
réciproquement leurs signatures. En consé-

(1) Tit. 2, art. 2.

ART. quence, un nouvel édit du mois d'août 1669 substitua la formalité du *contrôle* à celle des recors, qui ne furent plus employés que dans quelques espèces particulières d'exploits. C'est encore de même. Il y a des auteurs qui n'ont point été séduits par les motifs de l'édit du contrôle, et qui n'ont voulu y voir qu'une extension de fiscalité. A leur avis, le contrôle fixe bien, à trois ou quatre jours près, la date d'un ajournement, mais il ne produit cet effet que pour l'original, qui seul en reçoit la mention, et il ne prouve nullement que la personne assignée ait reçu la copie : il ne remplit donc point le but dans lequel on avait auparavant prescrit l'assistance des témoins (1). D'un autre côté, il exista toujours une grande prévention contre cette manière de témoins; car, disait-on, « la simplicité et innocence des siècles s'écoulant, la corruption, au lieu d'icelles, a grandement pris pied ès âmes mercenaires (2). »

Il fallait la puissante occasion qui survint

(1) *Voyez* Chabrol, *sur la Cout. d'Auvergne.*
(2) Theveneau, *Commentaire sur les ord.*, liv. 3, tit. 1.

en 1790., de reconstruire dans son entier Art.
l'ordre judiciaire, pour faire disparaître du
système des assignations ces ajustemens féo-
daux, ces inégalités bursales et ces usages
rebelles, enracinés çà et là dans les différentes zones du même territoire.

L'article 43 de la loi du 27 mai 1791 supprima la formalité des ordonnances ou mandemens d'assigner. La permission du juge ne
fut plus nécessaire que pour l'abréviation des
délais ordinaires. Mais on crut inutile de
s'expliquer sur l'antipathie du nouveau régime, relativement à d'autres points; les
réformes de chaque jour étaient assez parlan-
tes. Tout ce qui portait l'empreinte du privilége
s'effaça de soi-même, et l'on a vu depuis cette
théorie des ajournemens, à laquelle l'ordonnance de 1667 avait encore laissé quelque aspect de la diversité de ses sources, reprenant,
sous la législation intermédiaire, la vigueur
d'une pratique uniforme, passer tout naturellement dans le Code de procédure civile.
Il n'y avait guère à ajouter ou a retrancher : c'est que les règles du droit positif reçoivent un don d'immutabilité quand
elles prennent plus purement le type du
droit naturel.

2. 7

Je prie que l'on veuille bien se rappeler ce
que j'ai écrit, au précédent chapitre, sur les
principes constitutifs d'une citation. Entre
l'ajournement et la citation, il n'y a d'autre
différence que les mots. L'un s'applique plus
particulièrement à l'exploit d'assignation devant un tribunal civil, et l'autre à l'exploit
d'assignation devant un juge de paix ; or,
je le dis encore une fois, vous ne concevriez
ni l'ajournement ni la citation, si celui auquel
on les adresse n'y trouvait pas les indications
nécessaires pour se reconnaître dans la personne assignée, pour savoir de quelle part vient la
demande, quel en est l'objet, sur quoi elle se
fonde, quand et devant quel tribunal il doit
y répondre. Toutes ces conditions sont comme
autant de préceptes de la loi naturelle.

On a vu comment il devint indispensable
de civiliser l'application de ces préceptes,
comment le bon sens de l'expérience se mit
en équilibre entre la violence sauvage des uns
et la trop naïve simplicité des autres, et comment on créa des officiers ministériels, en dé-
terminant leurs attributions, leurs devoirs et
leur responsabilité. Les articles règlementaires
se succédèrent en se perfectionnant. Tout cela

fut l'ouvrage du droit positif; car on peut Art.
naturellement avoir l'idée d'un ajournement,
sans un rapport d'huissier, sans une constitution d'avoué, et sans toutes les précautions
accessoires, dont la sagesse des législateurs a
su l'entourer.

En résumé, voici ce qu'il doit contenir aujourd'hui :

« 1° La date des jour, mois et an; les noms, 61.
profession et domicile du demandeur; la
constitution de l'avoué qui occupera pour lui,
et chez lequel l'élection de domicile sera de
droit, à moins d'une élection contraire par le
même exploit;

» 2° Les noms, demeure et immatricule
de l'huissier; les noms et demeure du défendeur, et mention de la personne à laquelle
copie de l'exploit sera laissée;

» 3° L'objet de la demande, l'exposé sommaire des moyens;

» 4° L'indication du tribunal qui doit connaître de la demande, et du délai pour comparaître. »

En matière réelle ou mixte, il est néces- 64.
saire que les exploits énoncent la nature de
l'héritage, la commune, et, autant que possible, la partie de la commune où il est situé,

et deux, au moins, des tenans et aboutissans. S'il s'agit d'un domaine, corps de ferme ou métairie, il suffit d'en désigner le nom et la situation.

65. Enfin il faut donner, avec l'ajournement, copie du procès-verbal de non-conciliation, ou copie de la mention de la non-comparution, lorsque l'objet du procès a dû être soumis à l'épreuve du bureau de paix.

Toutes ces formalités sont prescrites à peine de nullité.

65. Il y manque encore quelque chose, c'est la copie des pièces sur lesquelles la demande se fonde. Autrement serait-il possible de les discuter, d'en redresser le sens, de les dénier, de les arguer de faux ? Mais ne pas donner cette copie avec l'ajournement, ce n'est point le faire nul, car elle peut être fournie dans le cours de l'instance. Toutefois les frais de cette communication tardive restent à la charge du demandeur, quel que soit, en définitive, le sort du procès.

Je vais reprendre cette composition des ajournemens. Ce n'est pas assez de connaître l'esprit et le but du système, il faut avoir aussi l'intelligence de ses parties, savoir leur em-

ploi, leurs modes d'expression, et leurs équipollences.

Je parlerai ensuite de la remise des exploits,
du domicile où ils doivent être portés, des
personnes auxquelles ils doivent être laissés,
des obligations imposées aux huissiers, et des
tribunaux devant lesquels il faut assigner,
selon la nature des actions.

Je traiterai des nullités au chapitre des exceptions.

L'accomplissement de toutes les formalités
prescrites pour la validité d'un ajournement,
doit être prouvé par l'acte lui-même; c'est
le cas de la maxime : *Non esse et non apparere
sunt unum et idem.*

On sait que la signification d'un exploit est la
remise de la copie à la personne assignée, ou
au domicile de cette personne, et que l'original
qui atteste cette signification est destiné à
rester entre les mains du demandeur. Or, je
suppose que l'original, ou *le rapport,* soit d'une
régularité parfaite, et que la copie soit défec-
tueuse. L'exploit n'en sera pas moins nul; car
c'est par la copie que le défendeur est ajourné,
c'est par elle qu'il doit avoir toutes les indications prescrites. De là cette autre maxime : *La*

copie tient lieu d'original à la partie qui la reçoit.

Ces préliminaires posés, voyons les détails : il faut porter dans leur examen et dans la solution de leurs difficultés, l'esprit de raison et de justice du législateur, et non ce rigorisme sententieux d'une pratique rétrécie, dont le demi-savoir consiste dans quelques traditions de formules, ou de vieux brocards qu'elle comprend à peine.

Vous lirez partout que la date est une des formalités les plus essentielles d'un acte : *instrumentum publicum in quo dies non est apposita, non valet, quia dies est de solemnitate instrumenti* (1). Vous sentirez qu'elle est surtout indispensable pour les ajournemens, afin qu'il soit possible de savoir si l'action a été formée dans un temps utile, et de connaître le délai dans lequel la personne assignée devra comparaître. Rien n'est plus vrai ; mais la place de cette date, c'est-à-dire, cette triple mention de l'année, du mois et du jour, est-elle invariablement fixée par la loi dans telle ou telle partie de l'exploit? Non ; l'essentiel est qu'elle s'y trouve.

(1) Gui-Pape, *Quæst.* 582, *n.* 1.

Des imperfections, des erreurs, des omissions dans l'énoncé de la date, rendent-elles toujours l'exploit nul?

Il faut distinguer :

Si les erreurs, les omissions jettent une ombre de doute sur l'époque véritable à laquelle l'exploit a été signifié, il y a nullité.

Si la copie, imparfaite au premier aspect, laisse percer, dans le reste de sa teneur, quelque chose de clair et d'incontestable, qui fixe la certitude de cette époque, la nullité disparaît ; elle ne serait plus alors qu'une peine sans motif, et par conséquent une ridicule iniquité.

Exemple : un ajournement est ainsi daté : *L'an mil huit cent vingt-neuf et le dix*... L'indication du mois manque là, mais plus bas on lit que l'assignation est donnée pour comparaître *le vingt du* PRÉSENT *mois de février*. Il n'y a plus d'incertitude sur la date de l'exploit, car il est assez évident qu'il a été signifié le dix de février. D'autres exemples s'appliqueraient, s'il en était besoin, au défaut de mention du jour ou de l'année. Je dirais comment les pièces notifiées avec l'exploit peuvent servir à prouver sa date. Supposez un ajournement dans lequel on ne

ART. trouve aucune trace d'année, mais uniquement l'indication d'un jour et d'un mois, comme s'il n'y avait que ces mots : *le dix février*; supposez aussi que cet ajournement ait été accompagné, suivant la règle générale, de la notification d'un procès-verbal de non-conciliation , daté du quinze janvier mil huit cent vingt-neuf, et qu'on y ait écrit : *qu'il a fallu recourir aux voies judiciaires, attendu que les parties n'ont pu se concilier au bureau de paix, ainsi qu'il résulte d'un procès-verbal du quinze janvier dernier, ci-dessus transcit ;* il sera bien indubitable que l'ajournement a été donné le dix février mil huit cent vingt-neuf.

Un arrêt qui, dans des espèces semblables, annullerait un ajournement, sous le prétexte qu'il n'est pas suffisamment daté, ferait plus que mal juger, il violerait la loi, et la Cour de cassation devrait en faire justice (1).

Je crois que c'en est assez, relativement au principe de la date, et aux équipollences qu'il comporte.

J'ai dit que la date se composait de la triple

_____

(1) Ainsi jugé le 30 novembre 1811 ; *Sirey*, t. 12, 1re partie, p. 76.

mention de l'année, du mois et du jour. Autrefois la mention de l'heure était également nécessaire, en certaines matières civiles où la priorité du temps était admise ; lorsqu'il s'agissait d'une saisie mobilière, par exemple, attendu qu'il y avait privilége pour le premier saisissant. Ce serait fort inutile depuis le Code de procédure, qui soumet tous les saisissans à la distribution par contribution, et ne promet point de prime à leur diligence : on verra cela en son lieu. La législation moderne n'est pas favorable à ces combats de *préférence horaire,* dans lesquels la victoire était souvent le prix de la ruse ou de la collusion. Voyez l'article 2147 du Code civil : tous les créanciers qui ont fait inscrire leurs hypothèques le même jour, exercent en concurrence des droits de la même date, sans distinction entre l'inscription du matin et celle du soir, quand bien même cette différence aurait été marquée par le conservateur.

La date peut-elle être exprimée en chiffres ? Anselmo, jurisconsulte flamand, ne voulait de chiffres pour aucun acte : *non enim probant mentem seu intentionem, cum incertæ et dubiæ sint.* J. Romelius, autre commentateur de l'édit perpétuel des archiducs de Flandre, soutient, au contraire, que les chiffres ayant une signification certaine et usuelle, ils ont la même force que l'écriture, dans les actes où l'écriture est exigée : *Cifras usu receptas et quid certi significantes, habere vim scripturæ; etiam in actibus exigentibus scripturam, pro formá et solemnitate* (1).

Ce qu'il y a de certain, c'est que des arrêts anciens et des arrêts nouveaux ont jugé valables des testamens olographes datés en chiffres. Il faut surtout remarquer que, dans les cas où le législateur ne veut pas de date en chiffres, il a eu soin de l'exprimer : témoin l'article 42 du Code civil, et l'article 13 de la loi du 25 ventôse an XI sur le notariat. Or, le Code de procédure n'en dit rien, et il défend de déclarer un exploit nul, lorsque la nullité n'est pas formellement prononcée par la loi. La conséquence est facile à tirer.

On a fort vanté l'ordonnance de 1667 ; toutefois elle ne brillait point par une grande exactitude de rédaction : car non-seulement on avait oublié d'y parler de la date des ajournemens, mais il ne s'y trouvait aucune disposi-

(1) *Comment. ad editum perpetuum*, art. 19.

tion précise touchant la nécessité d'indiquer
les noms de la partie requérante.

L'article 61 du Code de procédure dit que l'exploit d'ajournement contiendra les NOMS, profession et domicile du demandeur.

« Ce qui porterait à croire, dit M. Carré, qu'en exigeant la mention *des noms*, la loi a entendu prescrire non-seulement le nom de famille, mais encore le *prénom* du demandeur, c'est que le mot *nom* est écrit au pluriel. »

Je suis de ceux qui le croient ainsi.

Les prénoms d'aujourd'hui, qui étaient les véritables noms propres d'autrefois, sont devenus indispensables depuis l'accroissement et l'extension de toutes les espèces de rapports sociaux. Les noms héréditaires ou de famille, c'est-à-dire les surnoms primitifs, dérivant soit d'un pays, soit d'un fief, soit de quelque fonction ou métier, soit de quelque qualité physique ou morale, se sont trop répandus et répétés partout, pour suffire à la distinction des individus.

De là, cette nécessité de la mention des prénoms dans les actes de procédure, nécessité que le bon sens avait déclarée long-temps avant qu'elle eût été érigée en loi.

Cependant M. Carré ajoute : « que l'opinion commune est que l'omission des prénoms, ou leur fausse indication n'entraînerait,
pas la nullité, d'autant plus que la mention
du domicile établit suffisamment la distinction des personnes qui porteraient le même
nom. »

Cette opinion commune me semble une
erreur.

On doit penser d'abord, que si la désignation du domicile du demandeur pouvait réparer l'omission de *ses noms*, le législateur
n'aurait point prescrit à la fois, et sous peine
de nullité, l'une et l'autre mention.

En second lieu, deux personnes ayant le
même nom peuvent être domiciliées dans
la même ville, dans la même rue, dans la
même maison; la mention du domicile ne
suppléera donc à rien, en ce qui concerne
l'indication du prénom.

Il en est qui insistent, en disant que le
législateur n'a point manqué d'exiger formellement la mention des prénoms et du nom,
lorsque telle a été sa volonté; ils citent en
preuve les articles 34, 57, 63, 76, 79, 2144
et 2153 du Code civil, et ils font remarquer
que le Code de procédure, dans tous les cas

où il s'agit de la désignation des personnes, Art.
ne demande que *les noms*. Une pareille observation ne peut servir qu'à signaler les
abus de cette subtilité, qui va cherchant des
argumens dans les nuances d'expressions que
présentent les Codes. La diversité de ces nuances tient à ce que les rédacteurs ne furent pas
les mêmes pour les uns et pour les autres :
ceux du Code civil ont dit, *les* nom et *prénoms*,
en mettant le mot *nom* au singulier, toutes les
fois qu'il s'agissait d'une seule personne ; et
ceux du Code de procédure ont employé collectivement le pluriel, les *noms*, pour une
seule personne aussi, parce qu'ils y ont compris les prénoms, qui ne sont qu'une partie
des noms. Cette pointillerie grammaticale ne
mérite pas qu'on s'y arrête.

Autre argument : les *noms* se trouvent
également au pluriel dans l'article 61 du Code 61.
de procédure, pour la désignation du défendeur ; or il serait souvent très-difficile de
connaître les prénoms de celui-ci ; donc le
législateur, soit à l'égard de l'une, soit à l'é-
gard de l'autre des parties, n'a pas dû attacher
autrement d'importance *à son pluriel*, et ce
serait forcer ses vues que d'exiger, à peine de
nullité, le strict accomplissement de la forma-

Aʀᴛ. lité dont il s'agit (1). Je réponds d'abord qu'il
ne peut y avoir le plus léger prétexte de ne
pas se conformer à la loi pour ce qui concerne
la désignation du demandeur, car il doit savoir
son nom et ses prénoms. Argumenter de ce qui
est difficile dans un cas, pour se dispenser
de ce qui est facile dans un autre, ce n'est
pas raisonner, c'est contrarier.

Quant à l'embarras que peut causer quelquefois l'obligation d'énoncer les noms du
défendeur, ceux qui ont rédigé la loi n'en
ont point été touchés, car l'objection leur fut
faite.

Le premier projet du Code voulait que l'exploit énonçât *les noms, profession et demeure
du défendeur, à peine de nullité.*

Cette proposition fut attaquée par les Cours
de Liége, d'Agen, de Trèves et de Poitiers.

« Il nous paraît, disait la première, qu'on
ne devrait pas forcer le demandeur à insérer
dans son exploit la demeure du défendeur,
lorsque l'assignation est donnée à lui-même,
et jamais la profession. »

La Cour d'Agen concluait à ce que l'énon-

_____

(1) Voyez la *Collection nouvelle de M. Dalloz,*
t. 7, p. 731.

ciation de la demeure et de la profession ne Art.
fût exigée que quand elles seraient connues.

Celle de Trèves désirait que la peine de
nullité ne portât pas sur l'omission des *noms*,
profession et demeure du défendeur, s'il était
suffisamment désigné.

Enfin la Cour de Poitiers se bornait à demander que l'on retranchât des formalités de
l'exploit, l'obligation d'indiquer la profession
du défendeur.

Le conseil d'État ne fit droit qu'à la demande
de la Cour de Poitiers ; la mention des *noms*
et demeure du défendeur resta prescrite, à
peine de nullité, dans l'article 61, et ces cas
d'exception, que l'on voulait fonder sur des
circonstances de fait, sources intarissables
d'une foule d'incidens, ne furent point adoptés.
L'obligation d'indiquer la profession du défendeur fut seule effacée, et ce fut très-bien.
Beaucoup de gens, des capitalistes surtout,
n'ont pas réellement de profession bien dé-
terminée : en bonne justice on ne devait pas
soumettre le demandeur, sous peine de nullité, à ne point se tromper sur un fait que personne ne sait d'une manière certaine. Mais le
nom, les prénoms, la demeure de celui que
vous faites assigner, ne sont pas ordinaire-

ART.   ment lettres closes, car un procès civil suppose toujours la préexistence de quelques rapports entre les parties.

C'est ainsi que la règle a été faite. Si l'on
n'a pas voulu admettre de dispense pour la
désignation des *noms* du défendeur, il faut
bien convenir que le système qui tend à
dégager le demandeur de cette obligation pour
lui-même, est de tout point contraire à la lettre
et à l'esprit de la loi.

On dira que l'omission des prénoms peut
être réparée par des *équipollences*, et que ma
doctrine sur la date des exploits doit recevoir
ici son application.

J'en conviendrai. Mais il importe de s'entendre sur la théorie des équipollences.

Il y en a de plusieurs sortes : leur distinction se trouve dans la manière dont la loi s'ex-
prime. Les unes sont reçues avec un sens large,
et cet esprit de facilité qui se contente, dans
telles ou telles circonstances, d'une énonciation quelconque, d'où peuvent sortir, sans
trop d'effort, des renseignemens plausibles,
et un degré de certitude morale. C'est ainsi
qu'après une indication des faits principaux,
auxquels se rattache l'idée de l'exécution complète d'un jugement par défaut, l'art. 159 du

Code de procédure confie à la sagesse des Art.
juges l'appréciation de tous autres actes propres à établir que la partie condamnée s'est
soumise, en connaissance de cause, aux dispositions qui l'ont frappée. C'est encore ainsi que
l'article 2148 du Code civil admet, en équi-
valent des mentions exigées pour la désignation du créancier qui prend une inscription hypothécaire, et du débiteur sur lequel
elle est prise, tout ce qui peut faire reconnaître et distinguer l'un et l'autre. Il était d'autant plus raisonnable de ne pas punir de la peine
de nullité une omission ou une erreur dans
les noms du créancier qui s'inscrit, que l'inscription a pour unique objet de faire connaître
aux tiers, qui voudraient prêter ou acheter, l'existence d'une hypothèque qui les éclaire sur les
chances de leurs projets; et, sauf quelques cas
particuliers où l'erreur pourrait être préjudicia-
ble, ce n'est pas la mention plus ou moins fidèle
des noms du créancier, mais l'énonciation
exacte de sa créance et de son titre, qui constitue cet avis au public, que le législateur a voulu
placer dans les registres du conservateur.

Les autres équipollences ont un caractère
plus strict. Elles ne passent que sous la condition
de rendre avec une synonymie parfaite, *adœ-*

2. 8

ART. *quatè et identicè*, le fond de ce qui a été l'objet
des termes de la loi. Il faut qu'elles se trouvent
dans l'acte même, qu'elles y remplacent sub-
stantiellement, sinon littéralement, les formes
qui servent à le constituer, ou qu'elles y corri-
gent des erreurs, des omissions premières,
sans qu'on soit obligé de recourir à des renseignemens extérieurs : *ex propriis verbis instrumenti, ex verbis scriptis in instrumento, non
extrinsecùs* (1). Telles sont les équipollences
qui peuvent réparer, dans une partie de l'exploit, l'erreur ou l'omission de la date com-
mise dans un autre; je l'ai déjà expliqué. J'en
dirai autant pour les *noms* : il importe fort peu
que leur énonciation manque aux premières
lignes de l'ajournement, si le surplus la contient. Par exemple, l'huissier a mis d'abord :
*à la requête de........, marchand, domicilié à
Poitiers.* Les noms sont restés là en blanc. Mais
on lit après que l'assignation est donnée au défendeur, pour obtenir condamnation d'une certaine somme, au profit *dudit sieur Pierre
Giraud, requérant;* le blanc se trouve rempli
par équipollence, car la place des noms du

_____

(1) Menochius, *de præsumpt., lib.* 4, *præsumpt.* 17.

demandeur n'était point marquée, sous peine Aʀᴛ. de nullité, à la tête de l'exploit.

Je dois dire aussi que, pour certaines affaires, la désignation *des noms* du demandeur peut être remplacée par la mention de la qualité dans laquelle il agit. Un préfet, un procureur du roi, un agent du trésor public, un directeur, un maire, etc., qui assignent à raison des intérêts et des droits qu'ils sont chargés de conserver et de défendre, se font assez connaître en indiquant le titre de leurs fonctions. C'était une opinion généralement adoptée autrefois (1). Les lois nouvelles touchant les actions à intenter pour l'État, la liste civile, le trésor, les communes, les administrations et les établissemens publics, n'y sont point contraires.

Voilà tout ce que tolère la lettre de l'article 61 ; son esprit n'est pas moins absolu, et il devait l'être. Il pourra bien se rencontrer des cas où la peine de nullité prononcée par cet article paraîtra trop sévère, parce que son

(1) Voyez Pothier , *de la proc. civ.;* Rodier, *sur l'art. 2 du titre 2 de l'ordonn. de* 1667 , *question* 2 ; le nouveau Denisart, *t.* 2 , *p.* 457, Jousse, *t.* 2 , *p.* 15 ; et, depuis le Code de procédure, les arrêts rapportés au Journal des Avoués , *t.* 13, *p.* 134 et 143.

utilité se fera moins sentir; mais la disposition de la loi est générale : elle n'admet pas
d'autres signes de reconnaissance pour les
particuliers, que la mention de leurs *noms*,
de leur profession et de leur domicile. La
règle serait bientôt envahie par l'arbitraire,
si telle ou telle considération venait, à la faveur d'une capricieuse équipollence, faire
éclore une nouvelle exception.

Malheureusement la jurisprudence n'offre
encore rien d'arrêté à cet égard, et la Cour
suprême elle-même se montre souvent trop
désintéressée en faveur de ce *droit d'interprétation*, qui devient de jour en jour plus
divergent.

Ici l'on juge que le demandeur est suffisamment désigné par son nom de famille, et
que cette énonciation satisfait parfaitement
au vœu de la loi (1).

Ailleurs on décide que la désignation du
prénom est d'une nécessité tellement absolue,
qu'il y a nullité lorsqu'il est exprimé *par ini-
tiales* seulement, et non en *toutes lettres* (2).

---

(1) Journal des Avoués, t. 13, pag. 230. Ce tome
est consacré tout entier au mot *exploit*.

(2) *Ibid.*, p. 2, 5, 8.

Si vous poussez vos recherches plus loin, ART.
vous trouverez un arrêt duquel il résulte
qu'un ajournement est bon, quoique la copie
délaissée n'énonce ni les *prénoms*, ni le *nom* du
demandeur, attendu qu'il est impossible que
l'autre partie ait pu s'y méprendre (1). Puis
vous verrez que la Cour de cassation a rejeté
le pourvoi, parce qu'en déclarant cette *impossibilité*, la Cour royale avait usé de son
droit, ce que, sauf correction, j'ose ne pas
croire.

Quand on a feuilleté tous les recueils, quel
que soit le mérite des observations qui s'y
trouvent, et de l'ordre dans lequel les questions y sont classées, on a peine à se reconnaître au milieu de cette mêlée d'autorités
qui viennent incessamment se heurter et
s'entre-détruire. En définitive, la justice de la
loi fut toujours la meilleure.

L'ordonnance de 1667 enjoignait aux huissiers de déclarer dans leurs exploits la *qua-*

_____

(1) *Ibid.*, pag. 292. Il s'agissait d'un appel, mais
l'art. 456 veut, à peine de nullité, que l'appel contienne assignation, et par conséquent qu'il soit revêtu
de toutes les formalités d'un ajournement.

lité du demandeur (1). Le Code de procédure dit : *la profession*. Il me semble qu'il eût été préférable de conserver la locution de l'ordonnance ; elle était plus générale, elle s'appliquait mieux à toutes les conditions de la vie sociale ; car on ne dit point la profession de rentier, de propriétaire, etc. De là sont encore nés des questions et des doutes. Le demandeur qui n'a pas de *profession*, suivant la véritable acception du mot, que mettra-t-il dans son exploit, pour remplir l'intention de la loi ? La réponse est facile : il énoncera sa qualité, s'il a une qualité qui ne soit pas une profession, ou bien il mettra qu'il est sans profession ; il pourra même ne rien mettre, dans ce cas.

L'art. 2148 du Code civil veut que l'inscription hypothécaire contienne les nom, prénoms, domicile du créancier, et sa profession, *s'il en a une*. Cette restriction, qui se trouve exprimée là, doit être sous-entendue partout. Exigerait-on qu'un enfant naturel, non reconnu, énonçât dans un acte son nom de famille, lorsque sa condition est de n'en avoir point ?

(1) Tit. 2, art. 2.

Le demandeur sait toujours où il habite ; l'indication de son domicile, dans un exploit d'ajournement, semble donc peu susceptible de développemens et de difficultés : toutefois on y trouve encore quelques points à éclaircir.

C'est son domicile réel que le demandeur est tenu d'énoncer. L'élection d'un autre domicile ne l'en dispenserait pas ; car l'ajourné doit recevoir toutes les indications propres à lui donner le plus facile accès auprès de la personne qui le traduit en justice, afin qu'il puisse s'expliquer et s'accorder avec elle. Le domicile réel peut être moins éloigné du défendeur que le domicile élu ; on ne trouve qu'un mandataire au domicile élu, et souvent il importe au succès d'une proposition qu'elle soit faite à la partie elle-même (1). A plus forte raison, faudrait-il déclarer nul l'exploit qui ne contiendrait qu'une fausse indication du domicile du demandeur (2).

(1) Voyez le répert. de jurisprud., v° *domicile*, et un arrêt conforme de la Cour de Bruxelles, du 14 juillet 1807.

(2) Voyez les arrêts cités par M. Dalloz, pag. 737 et 741 de sa nouvelle Collection.

ART.   On a demandé si la simple mention de la ville où le demandeur est domicilié, sans indication de la rue et du numéro de la maison, suffit pour la validité d'un ajournement?

Cette question a reçu des solutions diverses, et l'on remarquera qu'il s'agissait, dans les causes où elle a été agitée, d'exploits faits à la requête de personnes demeurant à Paris.

Les Cours de Montpellier (1) et de Bordeaux (2) ont jugé que la loi n'exigeait point, dans l'énonciation du domicile, la désignation de la rue et du numéro.

La Cour de Poitiers (3) a décidé, au contraire, que cette désignation était nécessaire, à peine de nullité; elle a considéré que la ville de Paris était divisée en plusieurs arrondissemens; que se dire simplement domicilié à Paris, ce n'était rien indiquer de précis, et qu'une énonciation aussi vague pouvait empêcher la partie assignée de faire assez tôt des offres.

Les Cours de Montpellier et de Bordeaux s'en

(1) Sirey, tom. 25, part. 2, p. 301.
(2) Sirey, tom. 27, part. 2, p. 254.
(3) Sirey, t. 25, part. 2, p. 337.

sont tenues à la lettre toute sèche de l'article
61. A mon avis, celle de Poitiers en a mieux
appliqué l'esprit. Lors des conférences sur
l'ordonnance de 1667, M. le premier président de Lamoignon fit observer qu'il était bon
d'obliger les huissiers, pour constater davantage leurs exploits, de coter la maison et la
paroisse de la partie; que le mot de domicile
ne faisait rien à cet égard, s'il n'était particulièrement désigné : et il citait l'exemple d'un
procès qui s'était étrangement compliqué au
parlement de Rennes, par suite d'un pareil
abus (1).

Un ancien arrêt de Rouen avait enjoint
« à tous huissiers ou sergens d'employer ès exploits d'ajournement, les lieux et paroisses des
demeurances, tant des requérans que des
ajournés, à peine d'amende (2). »

Mais voici venir encore des questions d'é-
quipollence, qu'il faut toujours traiter, à cause
de ces gens qui se croient un peu plus habiles
que le législateur, et qui affectent de ne pas se
servir des mots qu'il a employés.

(1) Procès-verbal, pag. 10.

(2) Berault sur la cout de Normandie, art. 484,
pag. 577.

N'ai-je pas assez clairement désigné mon domicile, dit l'un, quand j'ai mis dans l'exploit que j'étais de telle commune? Non, parce que cette expression trop vague peut indiquer le lieu de votre naissance, aussi bien que celui de votre domicile.

N'était-il pas inutile, dit un autre, de désigner mon domicile dans l'ajournement que j'ai fait donner, puisque le procès-verbal de non-conciliation, signifié en tête de l'exploit, contenait cette désignation? Non encore: la relation de l'exploit à un acte antérieur indique bien le domicile que vous aviez à l'époque de cet acte, mais il ne désigne pas votre domicile actuel, et c'est l'énonciation du domicile actuel que l'article 61 du Code exige à peine de nullité, parce que c'est celui-là surtout qu'il importe à l'ajourné de connaître (1).

Si l'on ne peut absolument se passer d'équipollences, faites du moins qu'elles rendent exactement, *adæquatè et identicè*, la disposition de la loi.

Par exemple, un ajournement m'est donné

(1) Voyez les questions de droit de M. Merlin, tom. 7, p. 241 et 449.

à la requête de N., juge au tribunal de première instance de telle ville; c'est assez, je
dois savoir que les fonctions d'un juge étant
conférées à vie, leur acceptation emporte
translation immédiate de son domicile dans
le lieu où il les exerce (1).

L'énonciation de la demeure du demandeur
est-elle équivalente à celle de son domicile?

Plusieurs Cours se sont prononcées pour la
négative (2). Elles ont considéré que l'article
61 du Code exige, à peine de nullité, la désignation du *domicile* du demandeur, et qu'il
se borne à la mention de la *demeure*, pour le
défendeur. Elles en ont déduit cette conséquence, que la loi a mis une grande distinction entre le domicile et la demeure.

M. Berriat-Saint-Prix professe cette opinion; il dit que la demeure diffère du
domicile, par la facilité avec laquelle elle peut
être transportée d'un lieu à un autre, sans
formalité aucune, et que la simple indication
de la demeure du demandeur pourrait être

(1) Cod. civil, art. 107.

(2) Voyez le Journal des Avoués, tom. 13, p. 118
et 119.

Art. un piége dangereux tendu au défendeur, pour les actes que la loi lui prescrit de faire signifier au domicile de son adversaire.

La Cour suprême a décidé le contraire en cassant un arrêt de la Cour royale d'Orléans, « attendu que déclarer que l'on demeure en tel lieu, c'est dire, en termes équivalens, qu'on y est domicilié, lorsque d'ailleurs il n'est pas contesté que celui qui a déclaré demeurer en tel lieu, y a réellement son domicile (1). »

M. Carré voit dans le mot *demeure* l'expression d'une habitation permanente qui doit faire supposer le domicile, et qui diffère en cela de la résidence, laquelle n'est qu'une habitation momentanée. Il pense, comme la Cour de cassation, qu'on ne pourrait annuler l'exploit, que tout autant que le demandeur n'aurait pas son domicile à l'endroit où sa demeure a été indiquée (2).

M. le président Favard de Langlade est du même avis (3).

(1) *Ibid.*, pag. 120.
(2) Lois de la proc., t. 1er, pag. 154.
(3) Tom. 1er, pag. 136.

Je me range aussi de ce côté, mais j'y suis conduit par une autre voie. Je m'étonne qu'on n'y ait pas songé.

De ce que l'article 61 du Code exige, dans un exploit d'ajournement, la mention du *domicile* du demandeur, et celle de la *demeure* du défendeur, il ne faut pas conclure que le législateur ait mis quelque intention de différence dans l'emploi de l'une et de l'autre expression ; rien ne me semble plus facile à démontrer.

L'article 59 dit que le *défendeur* sera assigné devant le tribunal de son *domicile;* et, s'il n'a pas de domicile, devant le tribunal de sa résidence.

L'article 68 veut que tous exploits soient faits à personne ou *domicile,* et que si l'huissier ne trouve au *domicile* ni le défendeur, ni aucuns de ses parens ou serviteurs, il remette de suite la copie à un voisin, ou au maire, ou à l'adjoint , comme on le verra plus loin.

Parcourez la liste des défendeurs dont parle l'article 69, vous y verrez le mot *domicile* employé partout pour marquer le lieu où l'assignation doit être signifiée.

L'article 73 donne la mesure des délais qui

sont accordés, pour comparaître sur une assignation, à ceux qui *demeurent* hors de la France continentale; puis l'article 74 ajouté que la partie *domiciliée* hors de la France, qui est trouvée en France, et y reçoit l'assignation en personne, n'aura pour se présenter au tribunal que les délais ordinaires, sauf à les prolonger suivant les circonstances.

Si je voulais sortir du titre des ajournemens, une foule d'autres textes viendraient confirmer cette vérité, déjà si frappante, que dans la pensée des rédacteurs de l'article 61, ces mots, *demeure* et *domicile*, avaient le même sens et la même valeur.

C'est donc comme si l'on disait que le demandeur est domicilié dans tel endroit, quand on dit qu'il y demeure, puisque le Code, en prescrivant la mention de la demeure du défendeur, a évidemment entendu parler de son domicile.

Quant à la résidence, c'est le séjour de ceux qui n'ont point de demeure ou de domicile, de ceux qui n'ont point *d'ostel*, disait Beaumanoir, qui *repairent* tantôt ici, tantôt là, et qui doivent être *semonds* dans l'endroit où ils *repairent* actuellement. Mais les questions sur le domicile et sur la résidence trouveront mieux leur place dans mes explications sur Art. la remise des exploits.

Aux formalités que le Code prescrit pour le demandeur, il faut joindre la mention de sa patente, s'il est d'une profession à patente, et. si l'objet de l'ajournement se rapporte à cette profession. Toutefois la mention de la· patente n'est point une de ces indications essentielles que l'ajourné doive recevoir pour reconnaître celui qui l'attaque ; elle n'est exigée que dans l'intérêt du fisc : aussi n'y a-t-il point de nullité à subir lorsqu'elle est omise, il n'y a qu'une amende à payer.

On ne peut en général s'engager ni stipuler, en son propre nom, que pour soi, dit l'article 1119 du Code civil. De même on ne peut agir en justice et plaider, *en son propre nom*, que pour soi. Ce principe a été renfermé dans la fameuse **maxime** : *Nul ne plaide en France par procureur, si ce n'est le Roi.*

Cette maxime demande quelques explications, car les auteurs sont encore divisés sur le sens qu'il convient de lui donner.

Au temps passé, nous avons vu les procu-

ART. reurs, et, de nos jours, nous voyons les avoués faire signifier sous leurs noms, comme chargés des pouvoirs de leurs cliens, des actes de procédure, des sommations, des oppositions, des jugemens, etc., sans que jamais une voix se soit élevée pour invoquer la règle qui défend de plaider en France par procureur. Il est trop clair qu'elle ne s'applique pas là.

Mais un simple mandataire peut-il, en cette qualité, faire assigner quelqu'un? Où serait la raison d'en douter, si l'exploit signifié à sa requête contient en même temps la désignation des prénoms, du nom, de la profession et du domicile du demandeur qui lui a donné procuration pour agir? Je ne connais rien qui s'oppose au libre exercice d'un mandat, en pareil cas. Le défendeur ne perd aucune des garanties que lui assure la prévoyance de la loi; car le mandataire n'est point ici un champion qui vienne, comme au moyen âge, porter et recevoir des coups pour le mandant; celui-là reste toujours le véritable plaideur et le tenant responsable du procès.

Cependant il subsiste dans quelques esprits une telle vénération pour la maxime, que, s'ils veulent bien se résigner à voir figurer sur l'exploit le nom d'un mandataire, c'est avec

la condition expresse qu'il sera écrit après celui du mandant. Ainsi ils annuleraient un exploit conçu en ces termes : *A la requête de
Pierre N., au nom et comme fondé de pouvoir
de Paul N., propriétaire, domicilié à, etc.*
Mais ils consentiraient à admettre le vieux
style de la rédaction suivante : *A la requête de
Paul N., propriétaire, domicilié à.., poursuite
et diligence de Pierre N., fondé de ses pouvoirs.*

Cela ne mérite guère une réfutation sérieuse. Il importe fort peu que le nom du
mandataire soit avant ou après, pourvu qu'il
ne masque pas celui de la personne en qui
réside l'intérêt de l'affaire. Ce que fait pour
moi le fondé de mes pouvoirs, n'est-ce pas
comme si je le faisais moi-même ?

Cependant on demandera ce que veut dire,
en définitive, cette maxime : *Nul ne plaide
en France par procureur, si ce n'est le Roi*, et
quand et comment elle s'applique ?

Elle s'applique au cas où un particulier
vient plaider, en son nom, pour une chose à
laquelle il n'a point d'intérêt personnel, et se
faire, comme chez les Romains, le maître du
procès (1).

_____

(1) Voyez mon 1er vol., p. 554 et suiv.

2.   9

Aᴀᴛ.   Elle s'applique au cas où l'on s'établit demandeur pour un autre, sans faire connaître si c'est à titre de mandataire, de cessionnaire, de tuteur, etc.

Elle s'applique encore au cas où, dans un exploit, on se dit agissant comme chargé de pouvoirs, sans indiquer les prénoms, le nom, la profession et le domicile de celui ou de ceux que l'on entend représenter.

Par exemple, vous me faites assigner à votre requête, *tant pour vous que pour vos consorts*, ou *tant pour vous que pour vos cohéritiers;* l'ajournement est nul, en ce qui touche vos consorts, ou vos cohéritiers, que je ne suis point obligé de rechercher et de connaître. Autrement je ne saurais à qui payer, si je perds le procès, ni par qui me faire payer, si je le gagne.

Le Roi seul a le droit, dans son royaume, d'*agir* et de *défendre* sous le nom de ses procureurs généraux. Le 1ᵉʳ de juin 1549, Henri II écrivit au Parlement de Paris qu'il lui plaisait que la reine, en ses procès, fût reçue à les poursuivre et plaider par un procureur, *tout ainsi comme lui :* ce que la Cour approuva. Les monarques étrangers ont vainement réclamé, dans nos tribunaux, cette

prérogative réservée à la couronne de France, Art.
comme une marque de sa souveraineté. A
Metz, en 1697, le roi de Suède, intéressé
dans la succession du prince de Veldens, fut
obligé de plaider sous son propre nom.

Autrefois les seigneurs de fiefs pouvaient
faire donner des assignations, et plaider sous
le nom de leurs procureurs fiscaux, mais seulement lorsqu'il était question des droits de
leur seigneurie, et dans leur justice. « On ne
trouve pas bon, disait Loiseau, qu'un seigneur
soit nommé en ses causes; mais il faut qu'un
procureur fiscal soit en qualité, comme si c'é-
tait la seigneurie qui plaidât et non le seigneur, afin d'ôter une marque d'impression.»

Voilà l'explication de la maxime.

Il convient de faire connaître maintenant
l'ensemble des modifications que la nature des
choses, l'existence civile, ou l'incapacité de certains demandeurs, considérés soit individuellement, soit collectivement, ont dû faire subir
aux règles générales des ajournemens.

Les actions concernant la liste civile et la
dotation de la couronne sont exercées par le
ministre de la maison du Roi, et soutenues
devant les tribunaux par les procureurs du
Roi et les procureurs généraux.

L'Etat, en matière de domaines et de droits domaniaux, agit sous le nom du préfet du département où siége le tribunal devant lequel doit être portée la demande en première instance;

Le trésor public, sous le nom de son agent judiciaire;

Les directions de l'enregistrement, des contributions, des douanes, poursuivent sous le nom de leurs directeurs généraux;

Les administrations ou établissemens publics sous le nom collectif de leurs administrateurs;

Les communes sous le nom de leur maire. *Nulli permittitur nomine civitatis vel curiæ experiri, nisi ei cui lex permittit, aut lege cessante ordo dedit* (1);

Les faillites par leurs syndics.

Pour les sociétés, il y a lieu de distinguer. Les demandes intentées par une *société civile* doivent être formées aux noms de tous les associés. Chacun d'eux étant tenu pour une somme et part égales, quoique la part de l'un d'eux dans la société soit moindre (2), il

---

(1) L. 3 ff. *quod cujuscumque.*
(2) Cod. civ., art. 1863.

faut bien que le défendeur les connaisse, pour **Art.**
leur faire l'application des condamnations de
dépens ou de dommages-intérêts qu'il peut
obtenir.

Si c'est une *société commerciale* en *nom col-*
lectif, la solidarité, qui lie les associés, donne
pour la même décision un motif plus fort encore. Se borner à désigner les noms de la *rai-*
son sociale, ce serait obliger le défendeur à
aller consulter l'extrait déposé au tribunal de
commerce, afin de savoir quels sont les autres
associés. Vainement on objecterait que, suivant l'art. 69, § 6, auquel nous arriverons
bientôt, les sociétés de commerce *sont assi-*
gnées en leur maison sociale, et, s'il n'y
en a pas, en la personne ou au domicile
de l'un des associés. Cet article n'est rela-
tif qu'au lieu où l'assignation doit être laissée.
Le demandeur a pris son temps; il a pu
rechercher et connaître les individus qui
composent la société qu'il veut poursuivre;
mais celui qui est assigné par cette société
doit trouver dans l'ajournement tous les documens nécessaires pour qu'il sache à qui
il a affaire, et pour qu'il se puisse défendre
avec sûreté.

Quand la société commerciale est en *com-*

Art. *mandite*, les associés responsables et solidaires sont établis seuls comme demandeurs dans l'exploit, car les commanditaires feraient, en y figurant, un acte de gestion qui leur est interdit (1). D'ailleurs ils ne seront passibles des condamnations auxquelles la société s'expose par une action téméraire, que jusqu'à concurrence des fonds qu'ils ont versés dans la masse (2) : leurs personnes sont donc tout-à-fait hors du procès.

La nature des *sociétés anonymes* indique assez que les demandes qu'elles ont à porter en justice, doivent être formées au nom de leurs mandataires (3).

Les associations *en participation* ne consistent que dans une négociation particulière ; c'est un intérêt passager qui réunit deux ou plusieurs spéculateurs, et qui finit avec l'affaire qu'ils avaient entreprise. Cette espèce de société n'a point d'assiette ; elle se dissout comme elle se forme, sans aucune formalité. C'est dire qu'il n'y a aucun motif pour ne pas considérer les associés comme autant de de-

(1) Cod. de com., art. 27.

(2) *Ibid.*, art 26.

(3) Voyez *ibid.* les art. 29 et suiv.

mandeurs, obligés de se conformer, dans leurs ᴀʀᴛ. ajournemens, aux règles générales de la matière.

Le droit d'assigner suppose la capacité d'*ester* en jugement, c'est-à-dire de paraître et d'agir devant les tribunaux : *legitimam personam standi in judicio habere.*

Les personnes gouvernées par autrui n'ont pas cette capacité.

Tels sont les mineurs et les interdits, qui ne procèdent que par leurs tuteurs. *Non denegatur autem tutoribus etiam debitores pupillorum ex personâ suâ, prospectu officii, in judicium vocare* (1).

Tels sont les condamnés à une peine afflictive et infamante, et les morts civilement, qui sont représentés par des curateurs spéciaux (2). Pour ne plus compter parmi les citoyens, ils ne sont pas retranchés du nombre des hommes, et les lois les protégent encore dans leur participation aux droits de la nature. *Li-*

(1) L. 1, § 4, ff., *de administ. et pericul. tutorum.*

(2) Code pén., art. 29, et Code civ., art. 25.

★

ceat eis ad victum et alios usus necessarios sufficientia relinquere (1).

Il est d'autres personnes auxquelles la capacité d'*ester* en jugement n'est point déniée, mais qui ne peuvent l'exercer, si elles ne sont assistées ou autorisées.

Les assignations signifiées à la requête d'un mineur émancipé, ou d'un prodigue, doivent faire mention de l'assistance du curateur donné à l'un (2), ou du conseil judiciaire que l'autre a reçu (3).

La femme mariée, même séparée de biens, est incapable d'exercer ses actions en justice, sans l'autorisation de son mari. *Bonum est mulierem quœ se ipsam marito committit, res etiam ejusdem pati arbitrio gubernari* (4). Cette autorisation résulte du concours du mari dans l'ajournement, ou de sa volonté exprimée dans un acte séparé. L'autorisation refusée par lui, peut être accordée par le tribunal (5). La femme doit la demander, avant

(1) *L.* 16 *ff. de interd. et releg.*

(2) Code civ., art. 482.

(3) *Ibid.*, art. 513.

(4) *L.* 8, *Cod. de pact. convent.*

(5) *Cod. civ.*, art. 215 et 218.

d'intenter son action; et, sur le refus du mari, c'est le tribunal du domicile de celui-ci qui seul peut l'accorder. Il n'en est pas de même lorsque la femme est assignée; le refus du mari devient alors un simple incident, et le juge saisi du procès principal se trouve de droit compétent pour statuer. J'en parlerai ailleurs.

L'État, les communes, les fabriques, les hospices, tous les établissemens publics, sont tenus, avant de former une demande en justice, de se faire autoriser par le conseil de préfecture (1). Le maire ou les administrateurs qui plaideraient sans autorisation, seraient personnellement passibles des dépens, en cas de perte du procès.

Pourquoi faut-il un intermédiaire entre la justice et ceux qui l'implorent? pourquoi ne veut-elle ni les accueillir, ni les entendre, s'ils n'ont mis la poursuite de leurs droits entre les mains d'un avoué? N'est-ce pas une atteinte portée à la liberté naturelle que cha-

(1) Lois des 14 décembre 1789, 29 vendémiaire an V; et 28 pluviôse an VIII, arrêté du 17 vendémiaire an X.

Art. cun doit avoir de réclamer et de défendre sa propriété, et tous les avantages qui lui sont garantis par les lois?

Ces questions, renouvelées de l'an II, s'agitent encore dans quelques-unes des feuilles que l'atmosphère privilégiée de la capitale fait éclore chaque jour. C'est là que d'intrépides novateurs s'exercent incessamment à bouleverser nos Codes, pour y introduire ce qu'ils appellent aujourd'hui la philosophie du droit. Chacun a son système; ceux qui traitent la philosophie par hyperboles, débutent en proposant de supprimer, d'un trait de plume, toutes ces *vieilleries* d'avoués, de formes et de procédure, qu'ils comprennent peu, parce qu'ils ont dédaigné de les apprendre : *cum nunquam forum, nunquam judicium aspexerint.* Ne leur demandez pas ce qu'ils mettront à la place; leurs superbes théories ne se sont point encore abaissées jusqu'aux détails. Peut-être ils nous diront quelque jour, ce que l'abbé Raynal disait dans sa lettre à l'Assemblée constituante : « Jamais les conceptions hardies de la philosophie n'ont été présentées par nous, comme la mesure rigoureuse des actes de la législation. »

C'est pour garantir mieux et les droits et

les avantages de chacun, c'est pour les sauver du danger des surprises et de l'envahisse‑ment de l'arbitraire, que les lois ont créé cet art de la justice, qui se compose de la méthode et des formes de procéder; or la marche de la procédure dans les tribunaux ne pouvait être régulière sans l'institution des officiers ministériels (1). Il fallait préserver les plaideurs des déchéances, des fins de non-rece‑voir, des nullités auxquelles le défaut de savoir, le manque d'ordre et d'exactitude les auraient exposés à tout moment. Il était sur‑tout nécessaire d'établir entre eux une communication prompte et facile qui rapproche les distances, en les obligeant de choisir, parmi ces officiers désignés à leur confiance dans chaque siége, un mandataire responsable qui veille pour eux, lorsque des maladies, d'autres in‑térêts, d'autres devoirs, les retiennent loin du lieu où l'affaire se poursuit.

Dès que la cause est liée, les avoués font et reçoivent pour leurs cliens tous les actes de procédure, qu'il faudrait souvent porter fort loin et à grands frais, au domicile des plaideurs.

(1) Voyez mon 1er vol., chap. 13 et 19.

ART.

Le demandeur constitue, dans son ajournement, l'avoué qui occupera pour lui. Notez que la simple élection de domicile chez un avoué ne remplacerait point la *constitution* prescrite par la loi, et ne sauverait pas l'exploit de la nullité qu'elle prononce. Le Code de procédure dit bien qu'il y a de droit élection de domicile chez l'avoué *constitué*, mais il n'en résulte pas que l'élection de domicile chez un avoué équivaille à la *constitution*. La raison est facile à concevoir : on peut élire domicile dans une maison quelconque; et bien que cette maison soit celle d'un avoué, il n'y a rien là qui se rattache essentiellement à sa qualité et à l'emploi de ses fonctions, car il est possible que l'avoué *constitué* ne soit pas celui chez lequel a été élu domicile.

L'élection de domicile est de droit chez l'avoué *constitué*, parce qu'on doit croire, quand la partie n'a pas exprimé le contraire, qu'elle n'a point voulu charger du soin de recevoir les significations qui lui seraient adressées, un autre que celui auquel elle a confié la direction de son procès. Mais on ne peut pas présumer de même que la simple commission donnée pour recevoir des signi-

fications, confère nécessairement le pouvoir Art.
de postuler et de conclure.

On verra, dans le chapitre qui suit, comment le défendeur fait à son tour la constitution de son avoué, et comment s'établissent, entre les mandataires *ad litem*, ces communications que mille difficultés rendraient souvent impraticables entre les plaideurs eux-mêmes.

L'ordonnance de Blois avait défendu aux parties de se servir du ministère des procureurs dans les causes sommaires (1). Celle de 1667 changea cette défense en une simple faculté (2). Le Code de procédure a rendu le ministère des avoués indispensable dans toutes les affaires portées devant les tribunaux civils (3).

Cette règle reçoit néanmoins une exception pour les instances relatives aux perceptions dont est chargée la régie de l'enregistrement.

---

(1) Voyez ce que j'ai dit sur les causes sommaires dans mon premier volume, page 566, à la note. Cette matière sera plus amplement expliquée au chap. 24.

(2) Titre 17, art. 6.

(3) Voyez l'art. 414 du Code de procéd.

Il a été déclaré par un avis du Conseil d'État, du 1er juin 1807, que le Code n'avait point abrogé les lois et règlemens déjà rendus sur cette matière (1).

Aux termes de la loi du 19 nivôse an IV, dont l'exécution fut réglée par un arrêté du Directoire, rendu le 10 thermidor de la même année, les agens administratifs étaient tenus d'adresser aux commissaires qui remplissaient près les tribunaux les fonctions du ministère public, les affaires dans lesquelles l'État figurait comme partie plaidante, avec des mémoires contenant les moyens d'attaque ou de défense. Les commissaires lisaient ces mémoires à l'audience, puis ils prenaient telles conclusions que la question du procès leur paraissait devoir exiger. Dans ce temps-là il n'y avait point d'avoués : le décret du 3 brumaire an II les avait supprimés. Ils furent rétablis par l'organisation de l'an VIII.

Ce changement fit naître une difficulté; on demanda si l'article 94 de la loi du 27 ventôse ne rendait pas désormais le ministère des avoués nécessaire pour l'État, comme pour les particuliers, et si la législation de l'an IV,

(1) V. la loi du 27 ventôse an IX, art. 17.

sur ce point, devait subsister encore. Le tribunal de Pithiviers et celui de Paris se pronon-
cèrent pour l'abrogation ; ils décidèrent que
la nation devait constituer un avoué dans ses
causes.

Ces jugemens furent cassés.

On avait considéré en l'an IV, « qu'il im-
portait d'économiser les deniers de l'État, et
de retrancher toutes les dépenses superflues;
qu'il était contraire à la dignité de la nation
qu'elle fût représentée en justice par de simples particuliers, tandis qu'il existait, auprès
des tribunaux, des fonctionnaires publics
chargés de stipuler ses intérêts et de défendre
ses droits. »

Tous ces motifs avaient-ils perdu leur
force et leur convenance depuis le rétablis-
sement des avoués? Leur autorité s'était-elle
éclipsée devant le texte de la loi du 27 ventôse an VIII? Le gouvernement n'avait point
eu cette idée, car un arrêté du 7 messidor
an IX avait enjoint aux officiers du ministère
public de se conformer, dans l'instruction
des procès que les hospices auraient à soutenir, aux dispositions prescrites en l'an IV
pour les affaires contentieuses de la nation.

Le Code de procédure est venu : son ar-

ticle 1041 a réveillé les doutes et les dissi-
dences.

Les Cours de Toulouse (1) et de Montpellier (2) ont jugé qu'un préfet, plaidant au
nom de l'État, devait procéder comme l'égal
de son adversaire, se soumettre à la règle
générale, et constituer avoué, sous peine de
nullité.

Les Cours de Pau (3) et de Rennes (4) ont
décidé au contraire que cette règle n'était
dans le Code, comme auparavant dans la loi
du 27 ventôse an VIII, qu'une disposition
relative aux plaideurs ordinaires, en dehors
de laquelle restait toujours l'exception consacrée pour la défense des intérêts de l'État.

Cette opinion me paraît préférable. Toutes
les fois que le législateur a marqué un objet
d'un sceau particulier, il est censé avoir
voulu, par des motifs d'une haute importance, le soustraire à l'application du droit
commun, et les lois générales qui survien-
nent laissent à découvert l'empreinte de la
loi spéciale, à moins qu'elles ne l'effacent par

(1) Sirey, t. 27 — 2 — 123.
(2) Sirey, t. 28 — 2 — 91.
(3) Sirey, t. 28 — 2 — 91.
(4) Dalloz, *collect. nouv.*, t. 7, p. 756.

une disposition expresse. *In toto jure generi* *per speciem derogatur, et illud potissimum habetur quod ad speciem directum est* (1).

Il y a des mots qui sont comme un voile jeté sur le fond des choses, et dont le prestige couvre, aux yeux de ceux qui s'en servent, les vices d'une foule d'argumens. On dit, à propos de notre difficulté, que l'État doit procéder à l'égal de ceux contre lesquels il plaide. J'irai plus loin si l'on veut, j'ajouterai ce qu'on trouve partout : *Quand le Roi a un procès, il faut qu'il ait deux fois raison pour le gagner.* Je citerai ce beau passage de Pline *ad Traj.* : *Magnæ principis gloriæ est si sæpe vincatur fiscus, cujus mala causa nunquàm est, nisi sub bono principe.*

Mais cette égalité, qu'il est toujours bon d'invoquer, qui consiste à fonder pour tous et contre tous la liberté parfaite du droit de défense, et à ôter la marque d'impression dont parlait Loiseau (2), cette égalité va-t-elle se trouver blessée, parce que l'État, au lieu d'un avoué, aura *constitué* le procureur du Roi?

Ce qui m'importe, en ce point, c'est que

(1) *L.* 80, *ff. de reg. jur.*
(2) V. ci-dessus, page 131.

ART. mon adversaire ait, comme moi, un représentant légal auprès du tribunal, afin que nos relations judiciaires soient plus faciles et mieux éclairées. Or ce but n'est-il pas rempli, lorsque plaidant contre l'État, je puis, sans la moindre gêne, signifier mes réquisitions, mes conclusions, et prendre toutes communications nécessaires, au parquet du ministère public ?

S'il fallait considérer la question sous des rapports plus élevés, je me persuade qu'on me dispenserait de démontrer qu'un avoué ne peut offrir plus de garanties au gouvernement, pour le zèle, la prudence et le désintéresse ment, que le défenseur né de toutes les lois et de tous les intérêts.

Quelques arrêts ont déclaré des ajournemens nuls, parce qu'on y avait constitué un avoué mort, ou un avoué démissionnaire. Il était pourtant reconnu que les parties contre lesquelles des décisions aussi rigoureuses ont été portées, avaient ignoré ces événemens de démission ou de décès. Il est même à remarquer qu'un autre avoué se présentait pour elles. Était-ce bien le cas de punir par une nul-

lité souvent irréparable, et elle l'était dans les
espèces citées, une erreur que l'éloignement,
la rareté des communications, et la suranna-
tion d'un almanach, peuvent causer tous les
jours? L'erreur de fait suffit pour la rescision
d'une transaction, d'un contrat, ou pour la ré-
tractation d'un aveu judiciaire; comment ne
serait-elle point une excuse pour le redressement d'une faute inoffensive, qu'un mot a
effacée, et dont aucun droit n'a souffert? Il
faut qu'il y ait un manquement prévu, une
disposition faussée, une garantie éludée, un
abus possible, pour qu'une telle sévérité ne
soit pas déplacée. C'est ainsi qu'on a décrédité
les lois de la procédure, et qu'on leur a
donné je ne sais quel air d'une sauvage tra-
casserie, parce qu'elles ont été mal comprises,
j'ai presque dit mal étudiées.

Je dois parler maintenant des énonciations
qui servent à faire connaître la personne
assignée.

Je ne reproduirai point ici la discussion qui
eut lieu, au Conseil d'État, sur le n° 2 de l'article 61, et que l'on a déjà vue ci-dessus, pages
110 et 111; il en résulte clairement que le
défendeur doit être désigné, comme le de-

Art. mandeur lui-même, par *ses noms*, et par *sa demeure.*

On sait que *ses noms* se composent de son nom et ses prénoms, et que *sa demeure* n'est autre chose que son domicile. On sait aussi que la mention de sa profession n'est point exigée, parce quelle peut n'être pas toujours exactement connue. Inutile de revenir là-dessus.

Au temps de saint Louis, on distinguait l'assignation proprement dite, et le *libelle* de la demande. Le poursuivant commençait par ajourner, puis, lors de la comparution devant le juge, il exposait ses prétentions (1). C'était, comme chez les Romains, deux actes séparés : *in jus vocatio, et actionis editio* (2).

Age, ambula in jus. — Quid me in jus vocas?
— Illic apud prætorem dicam....(3)

L'ordonnance de 1539 fit cesser cet usage ;

(1) Etablissem. de St Louis, liv. 1, chap. 1. Du Cange, v° *Libelli oblatio.*

(2) Cujas a dit que la déclaration de l'action précédait l'appel en justice : *in jus vocationem præcedebat.* Je pense avec M. Espagne que c'est une erreur.

(3) *Plaut. in Persâ, s.* 9, *v.* 8.

l'assignation et le libelle furent réunis dans le **ART.** même acte (1), et c'est à dater de cette époque qu'on a dit : *exploit libellé.*

Les mêmes dispositions se retrouvent dans toutes les lois qui ont suivi, et dans le Code de procédure : il est nécessaire que l'ajourne- 61.§3. ment contienne l'objet de la demande, et l'exposé sommaire des moyens. Notez que ce mot *sommaire* (2) ne s'applique point aux conclusions qui indiquent l'objet de la demande , mais seulement à l'exposé des moyens qui lui servent de fondement. Ce fut dans ce sens, et sur les observations de M. le premier président de Lamoignon, que l'on corrigea la première rédaction de l'article 1ᵉʳ du titre 2 de l'ordonnance de 1667 (3).

Henri IV ne voulait rien de *sommaire* dans une assignation. S'il eût eu le temps de mettre la dernière main à ses règlemens sur l'administration de la justice, « l'exploit aurait contenu d'une manière tellement générale les moyens du demandeur, que celui-ci n'aurait plus été reçu, après cela, qu'à répondre

(1) Art. 16.
(2) *Summarium*, abrégé.
(3) Procès-Verbal, pag. 5.

Art. simplement aux allégations du défendeur (1). »

On ne saurait mettre trop de clarté, trop d'exactitude et de justesse dans les conclusions d'un ajournement. L'ambiguïté de l'intention peut faire naître une foule de doutes sur la nature de l'action, sur la compétence du tribunal, sur le dernier ressort, sur la portée du jugement, et l'on ne serait pas toujours sûr de s'en sauver, en disant avec le jurisconsulte Paul : *ambigua autem intentio ita accipienda est, ut res salva actori sit* (2).

Pour ce qui touche l'exposé sommaire des moyens : s'ils sortent de la loi, il n'est pas nécessaire d'indiquer leur source, parce que tout le monde est censé la connaître ; il suffit d'exprimer que le demandeur agit en vertu du droit qu'il y puise. Par exemple, je peux régulièrement demander le partage d'une succession ou d'une chose commune, sans que je sois obligé de citer l'art. 815 du Code civil, portant que nul ne peut être contraint à demeurer dans l'indivision.

La demande est-elle fondée sur un titre? je dois énoncer ce titre, et déterminer les

(1) Mémoires de Sully, année 1609, liv. 26.
(2) L. 177, § 1, ff. *de regulis juris.*

effets que je veux lui faire produire, parce que
la personne assignée peut ne pas le connaître,
ou ne vouloir pas l'entendre comme moi.

Lorsque l'action se fonde sur un fait im-
puté soit au défendeur, soit à ceux dont il est
civilement responsable, il faut en exposer les
circonstances et les suites, car elles composent
la mesure des réparations sur lesquelles les
juges auront à prononcer.

Le droit canonique dispensait l'ajourné de
répondre à une demande dont la cause ne serait
pas exprimée : *Cùm actor non vult exprimere,*
in porrecto libello, quare sibi pecunia debea-
tur, super hoc reus minimè respondere tene-
tur (1).

Une ancienne coutume, dont l'origine re-
montait vraisemblablement aux premiers âges
de nos pratiques |judiciaires,| permettait à
toute personne assignée, en matière réelle ou
mixte, de requérir, avant de répondre à la
demande, que son adversaire fût tenu de
venir lui faire voir et montrer du doigt le
fonds qu'il voulait revendiquer, ou sur lequel
il prétendait avoir rente, hypothèque, usu-
fruit ou servitude. Le juge l'ordonnait ainsi,

_____

(1) *De oblat. libelli. Cap. dilecti.*

Art.

et désignait l'endroit d'où l'on devait partir *pour faire les vues et monstrées.* Cette sorte d'exception dilatoire fut abrogée par l'ordon-

64.

nance de 1667 (1). Aujourd'hui l'ajourne-ment indique la nature de l'héritage, la com-mune où il est situé, et deux au moins de *ses tenans et aboutissans.* Si c'est un domaine, corps de ferme ou métairie, il suffit du nom et de la situation. Pour marquer les confins d'un domaine, il faudrait rechercher les *te-nans et aboutissans* de chacune de ses parties, ce qui, ne le faisant pas mieux reconnaître, serait presque toujours une superfluité fort pénible et fort coûteuse.

65.

La loi veut, sous peine de nullité, que la copie du procès-verbal de *non-conciliation,* ou la copie de la mention de *non-comparution,* soit signifiée avec l'exploit d'ajournement, lorsque l'affaire n'est pas de celles dispensées de l'essai du bureau de paix : je l'ai déjà dit. On sait aussi qu'il y faut joindre la copie ou l'extrait des pièces qui servent de base à l'ac-tion ; mais un manquement à cet égard ne rendrait point l'assignation nulle, car il peut être réparé dans le cours de l'instance ; seu-

(1) Tit. 9, art. 5.

lement les frais de cette notification tardive
resteraient à la charge de l'ajournant, quel
que fût en définitive l'événement du procès.

Je répète cela pour ordre, et afin de faire
observer que l'ajournement peut, sans inconvénient être, muet sur l'objet et les moyens de la
demande, quand ils se trouvent exprimés dans
le procès-verbal de non-conciliation, dont la
copie signifiée en tête de l'exploit forme alors
tout naturellement le *libelle* de l'action.

Il importe de ne pas confondre l'énonciation des titres, qui doit se trouver dans
l'ajournement, avec la signification des pièces, qui doit l'accompagner. Ce sont deux
formalités distinctes; l'une ne dispense pas de
l'autre.

On entend par extrait des pièces la copie
de la clause, ou des clauses concernant le
procès. Ainsi vous demandez le paiement d'un
legs particulier : il n'est pas nécessaire de
signifier dans toute leur étendue les nombreu-
ses dispositions que peut contenir le testa-
ment, et qui vous sont étrangères; la copie
de ce qui a trait à votre intérêt doit suffire.

M. le premier président de Lamoignon
voulait que l'on ajoutât à l'article 6 du titre
2 de l'ordonnance de 1667, *que les copies*

ART. *seraient bien écrites et lisibles* (1). On lui répondit que ce devait être un objet de discipline. Je conçois que difficilement on déterminerait par une loi ce qui constitue la qualité de *lisible et bien écrit;* c'est aux tribunaux à le dire, et à rejeter les copies illisibles : *habeantur pro non productis,* comme disait Guy-Pape (2). Mais combien il serait à souhaiter que moins rarement justice fût faite de ces écritures qui semblent, comme certains édits d'un empereur romain, avoir été griffonnées tout exprès pour que ceux auxquels elles sont adressées ne puissent les déchiffrer.

Observez que l'article 23 de la loi du 22 frimaire an 7 défend de faire usage, en justice, de tous actes sous signature privée, s'ils n'ont pas été préalablement soumis à la formalité de l'enregistrement, et que l'article 41 prononce une amende de 50 fr. contre l'huissier qui aurait signifié avec une assignation, ou tout autrement, des pièces non enregistrées.

Aucune de nos lois, avant celles de 1790 sur les justices de paix, n'avait imposé l'obli-

(1) Procès-verbal des conférences, pag. 11.
(2) *Quæst.* 242, n° 2.

gation d'indiquer dans les ajournemens le ᴀʀᴛ.
tribunal devant lequel la personne assignée
devait se présenter. Dans ce temps-là, les
commentaires et les arrêts de règlement par-
faisaient les ordonnances. Imbert avait dit
dans sa *Practique :* « Sergent déclarera le juge
» par-devant lequel il baillera l'ajournement
» à comparoir (1), » et l'on annulait les
exploits qui n'y étaient pas conformes.

Le Code de procédure a consacré ce bon 61.§4.
sens de la jurisprudence. L'indication du tribunal est de la substance de l'ajournement;
car celui qu'on assigne ne peut répondre, s'il
ne sait où il est appelé.

On a conservé assez généralement l'usage
d'ajouter à cette indication celle du local dans
lequel se tiennent les audiences. Le Code
n'en dit rien, parce que dès qu'on connaît
le tribunal qui doit juger, il est facile de trouver le lieu où il juge. Cet usage est une vieille
tradition des siècles malencontreux où le bri-
gandage dressait des embûches sur les avenues
de la justice, quand il ne se sentait pas assez
fort pour jeter sa massue dans la balance. On
délivrait des mandemens portant autorisation

(1) Chap. 5, liv. Ier, n° 1.

ART. d'assigner devant un juge, *quelque part qu'il fût;* le parlement les cassait, mais les paladins indomptés n'en respectaient pas davantage leur compétence et leur dignité. Cependant François Ier défendit à tous juges « de prononcer et proférer aucune sentence définitive, qu'ils ne fussent en plein auditoire de leurs cours, ès jours et heures accoutumés pour la tenue des plaids. » Les arrêts vinrent à obtenir une plus grande autorité, et l'on exigea dans les ajournemens l'indication du lieu de la comparution. « Si l'ajournement ne porte le lieu auquel il faut comparoir, l'ajourné ne comparaîtra : aussi le lieu auquel on est tenu de comparoir doit être *libre, exempt de péril, de sûr accès et honnête* (1). » Telle fut l'origine de cette formalité qui depuis long-temps n'a plus d'objet, excepté dans les cas extraordinaires où la loi

(1) Bouchel, *Bibliothèque ou trésor du droit français*, avec les additions de Béchefer, tom. 1, p. 37. André Gail, célèbre jurisconsulte de Cologne, avait dit la même chose : *Citatio ratione loci incerta nulla est :* 1° *ut intelligere possit an extra territorium citatur ;* 2° *ut sciat citatus utrum locus assignatus in citatione sit* TUTUS, *an ad eum poteat* TUTUS ACCESSUS. Prat. observ., lib. 1, pag. 79 et 80.

permet d'assigner à l'hôtel du juge (1). Toute- ART.
fois les praticiens qui se piquent de savoir le
métier, ne manquent jamais d'ajourner devant
tel tribunal, *séant en son prétoire, enclos du
palais de justice, à l'heure de dix du matin,
à laquelle il a coutume de tenir ses audiences...*
Heureusement cette inutilité n'est que ridicule,
elle ne vicie pas.

La nécessité de l'indication du délai pour
comparaître, est écrite, si je puis ainsi m'exprimer, dans tous les signes qui composent ce 61.§5.
mot, *ajournement.*

Le délai *ordinaire* est de huitaine. Il est
franc : le jour de la signification et celui de 1033.
l'échéance n'y sont pas compris. Le premier
s'appelle, dans le langage du droit, *dies à
quo*, et le second *dies ad quem.* Vous êtes
assigné le premier août, vous comparaî-
trez le dix ; les huit jours compris entre
les deux termes vous sont donnés tout
entiers pour préparer vos moyens de défense.
Mais ils sont *continus et utiles,* ce qui veut
dire qu'ils doivent être comptés en continuant
de l'un à l'autre, quand même il se rencon-
trerait quelque jour de dimanche ou de fête,

(1) Comme on le verra au chapitre des référés.

Art. *pour si solemnelle qu'elle fut*, comme s'exprimait Rodier sur l'article 7 du titre 3 de
l'ordonnance de 1667.

L'affranchissement ne s'applique qu'au délai
général des ajournemens, des citations, des
sommations qui doivent être signifiées à la
la personne ou au domicile d'une partie, afin
qu'elle ait à se présenter ou à répondre; il ne
s'étend point au temps dans lequel un plaideur
est obligé d'agir, et de faire notifier lui-même
certains actes, tels qu'une opposition à un ju-
157.　gement par défaut, etc. (1)

Les délais fixés par mois se comptent du
quantième de l'un au quantième correspon-
dant de l'autre, sans égard au jour bissextil, ni
au trente-unième jour, pour les mois qui l'ad-
mettent.

Chacune de ces règles sera expliquée en
son lieu, et j'aurai soin de faire remarquer
la différence des expressions dont le législateur s'est servi pour tels ou tels cas. Je ne
m'occupe ici que des délais de l'ajournement.

---

(1) On a cependant jugé que le délai d'appel était
franc, d'après des motifs particuliers énoncés dans
un réquisitoire de M. Merlin. Voy. ce Répert, t. 15,
p. 115 et suiv. J'y reviendrai en traitant de l'appel.

On ajoute à la huitaine franche un jour à raison de trois myriamètres de distance, entre le lieu où demeure la personne assignée, et celui où elle doit comparaître (1). **Art.** **1033.**

Voilà le système général pour les plaideurs domiciliés en France.

Un système particulier donne d'autres délais aux personnes qui demeurent hors de la France continentale, et qui peuvent être appelées devant nos tribunaux, soit pour répondre à une action immobilière, soit pour quelque fait de commerce ou de lettres de change.

Les habitans de la Corse, de l'île d'Elbe ou de Capraja, de l'Angleterre et des états limitrophes de la France, ont deux mois pour se présenter; ceux des autres états de l'Europe quatre mois; ceux demeurant hors d'Europe, en deçà du cap de Bonne-Espérance, six mois; au-delà, un an. **73.**

Mais s'il arrive que l'on trouve et que l'on assigne en France, pour y comparaître, une de ces personnes qui ne l'habitent pas, elle n'aura que les délais ordinaires. Toutefois il est possible qu'elle ait besoin, pour **74.**

(1) Voyez ci-dessus, page 31.

se défendre, de faire venir des titres, des quittances, des actes de l'état civil et des papiers dont elle ne s'est point munie, parce qu'elle n'a pas prévu le procès qui l'attendait à son débarquement; alors le tribunal accorde ou refuse une prolongation, suivant les circonstances et la nature de l'affaire (1).

Ces dispositions sont empreintes d'une sage prévoyance et d'un respect parfaitement calculé, pour les garanties de ceux que vient provoquer un cartel judiciaire. Cependant toutes les faveurs ne sont pas réservées pour la défense. Sans parler de ces assignations hâtives et de cette rapidité de mouvement que réclament les matières de commerce, il est des causes civiles où la justice se dénierait elle-même, en s'abandonnant sans réserve au cours des délais ordinaires.

Lorsqu'une affaire requiert célérité, le de-

---

(1) Autrefois les personnes domiciliées hors de France, trouvées et assignées en France, jouissaient des délais qui leur auraient été accordés, si elles eussent reçu l'ajournement à leur véritable domicile. La loi du 28 germinal an 12, *relative aux délais des assignations pour les colonies*, avait déjà proscrit cet abus.

mandeur peut obtenir du président du tribunal devant lequel il se propose de plaider,
une ordonnance qui lui permet d'assigner *à
bref délai*. Cette ordonnance est rendue sur
une requête signée de l'avoué qui *occupera*.
L'abréviation se règle d'après la situation des
lieux et des personnes.

On sait que les causes *qui requièrent célérité* sont dispensées de l'essai de conciliation.
Or le président du tribunal, en abrégeant les
délais, à raison de la célérité, prononce nécessairement sur la nature de la cause; il
permet donc aussi de franchir le passage du
bureau de paix.

Mais une difficulté se présente. L'ordonnance d'abréviation a été donnée sur les
dires du demandeur; son adversaire n'a point
été appelé pour discuter un exposé qui pouvait n'être pas fidèle. Un principe gravé sur
tous les monumens de notre législation, consacre le droit d'opposition en faveur de toute
partie dont les intérêts ont été compromis,
sans qu'il lui ait été possible de se défendre;
et ce principe doit s'appliquer surtout à un
acte émané d'un seul juge. Rendu devant le
tribunal entier, le plaideur assigné à bref délai, privé des chances d'un essai de concilia-

tion, ne pourra-t-il pas remontrer que le président a été trompé sur la nature de la cause, et qu'il n'y avait pas lieu à rétrécir pour lui le cercle des garanties ordinaires? A mon avis, rien de plus légitime qu'une opposition en pareille circonstance (1).

Cependant les opinions sont partagées. Il en est qui veulent que le Code ait exclusivement conféré au président le pouvoir de juger les cas de célérité, et d'accorder les dispenses qu'ils comportent. La Cour de Colmar a donné cette interprétation à l'article 72. Son arrêt ne contient aucun motif, si ce n'est que cela doit être ainsi. M. Dalloz, en le rapportant (2), s'est cru obligé de convenir *qu'il pourrait être justifié par le silence de la loi* (3) : c'est le contraire qu'il fallait dire. A qui n'a pu se faire entendre, le droit commun ouvre la voie d'opposition ; elle ne peut être fermée que par un texte exprès, et par une dérogation précise, comme dans l'article 809.

Mais, en parlant de cet article 809, je ne

(1) Voyez dans ce sens un arrêt de la Cour de Rome, du 2 mai 1811 Sirey, tom. 2 — 298.

(2) Collect. nouv., v° *Conciliation*, t. 3, pag. 717.

(3) *Ibid.* à la note.

dois point oublier que le rédacteur du *Journal* **Art.**
des Avoués s'en est emparé, pour appuyer le
système que je combats. Voici comme il
raisonne :

« Une partie n'est responsable que des nul-
» lités qui proviennent de son fait, ou du
» fait des officiers ministériels qui rédigent les
» actes en son nom. Ici l'ordonnance émane
» du juge; l'assignation est donnée en vertu
» de cette ordonnance, et par conséquent ces
» actes ne peuvent être déclarés nuls, sans
» qu'on impute une sorte d'excès de pouvoirs
» au magistrat que la loi a revêtu d'un ca-
» ractère spécial. »

Je réponds à ce premier argument, que
l'ordonnance de bref délai a été provoquée
par l'exposé de la partie, qui seule doit être
responsable de l'erreur dans laquelle le dé-
guisement ou la supposition de quelques circonstances ont entraîné le juge; que c'est le cas
du vieil axiome : *factum judicis*, *factum par-
tis* ; et que la faute doit être réparée aux dépens de celui qui l'a causée.

Voyons ce qui suit :

« On peut ajouter que, dans tous les cas
» où le Code attribue le droit de juger au
» président du tribunal, il établit un pre-

ART.   » mier degré de juridiction, et qu'alors la
» voie de l'appel doit seule être ouverte aux
» parties. L'article 809 renferme une telle
» disposition à l'égard des ordonnances sur
» référé. L'ordonnance que le président rend
» en référé n'est pas susceptible d'être ré-
» formée par le tribunal ; et cependant si
» l'ordonnance par laquelle il peut, aux ter-
» mes de l'article 808, autoriser l'assignation
» à heure indiquée, pouvait elle-même être
» annulée ; de même que l'assignation qui en
» est la suite, l'ordonnance rendue sur le
» fond se trouverait nécessairement frappée
» de nullité, comme rendue sur une procé-
» dure irrégulière et nulle. Si l'on est ainsi
» conduit à penser qu'en matière de référé,
» l'ordonnance qui permet d'assigner à bref
» délai, n'est pas susceptible d'être réformée
» par le tribunal, il n'existe aucun motif d'a-
» dopter une opinion contraire, dans le cas
» de l'article 72. »

M'abuserai-je trop si je dis que la réfutation de ce raisonnement n'est pas difficile?

Je ne veux point transporter ici mes explications sur les Référés ; je me contenterai de
faire observer que c'est une sorte de juridiction dévolue au président d'un tribunal civil

de première instance, pour l'aplanissement provisoire des obstacles qui viennent embarrasser le cours d'une opération judiciaire, telle qu'une apposition de scellés, un inventaire etc., ou lorsqu'il s'agit de statuer sur des incidens relatifs à une saisie de meubles, à l'exécution d'une contrainte par corps, et, en général, quand il y a imminence d'un préjudice que la marche de la justice réglée, et l'attente d'une audience ordinaire pourraient rendre irréparable. Dans ces cas, le président est à lui seul tout son tribunal; il permet d'assigner à son hôtel, sans distinction d'heures ni de jours; mais il ne juge que *parties ouïes, ou dûment appelées.* Il repousse celles qui l'ont trompé par de fausses allégations d'urgence, ou bien, s'il se reconnaît compétent, il résout les difficultés qui lui sont soumises. L'appel est l'unique recours ouvert contre ses décisions : la loi le dit particulièrement, et la nature des choses le voulait.

Or je cherche vainement une ombre de parité entre cette juridiction extraordinaire *des référés*, et la simple fonction qui consiste à mettre au bas d'une requête *non vérifiée* la permission d'abréger les délais ordinaires de l'ajournement. Cette permission ne ressemble

ART. point à un jugement. S'est-on jamais avisé de prétendre que l'ordonnance du président, qui autorise un homme, se disant créancier, à faire saisir les deniers ou les effets de son débiteur, était un jugement anticipé sur la validité de la saisie? Non ; ces ordonnances, octroyées sans connaissance de cause, sont *aux risques et périls* de ceux qui les demandent, sauf l'opposition des intéressés, et l'examen du tribunal entier. Autrement il faudrait admettre que, sur l'exposé d'une seule partie, le président peut renverser toutes les règles de la procédure, et que son erreur est irrévocable, parce que le mensonge qui l'a causée est inattaquable.

En résumé sur ce point, je distingue deux cas :

Une ordonnance de bref délai a été obtenue pour l'introduction d'une affaire dispensée de l'essai de conciliation, soit parce qu'elle intéresse un mineur, soit parce qu'il y a plus de deux défendeurs, etc.; mais, au vrai, elle ne requérait point célérité. L'opposition est permise; cependant le tribunal n'annullera point l'ajournement, parceque l'indication d'un délai trop court n'est pas une cause de nullité (1):

(1) Voyez ci-après page 168 et suiv.

il se bornera à remettre les parties dans les termes du délai ordinaire.

Que si les personnes et la matière du litige devaient préalablement passer par le bureau de paix, alors l'action ne sera pas reçue. La loi le veut ainsi, et l'ordonnance du président n'a pu y déroger. Loin que ce soit porter atteinte à l'autorité de ce magistrat, c'est punir la fraude et l'imposture, qui sont venues le surprendre.

L'ajournement donné à un terme plus long que celui fixé par la loi, est-il nul? Cette question fut controversée sous l'ordonnance de 1667, parce qu'il y était dit : « Le délai de l'assignation sera au moins de huitaine, et ne pourra être plus long de quinzaine (1). » M. Merlin lui-même, dans l'ancien Répertoire, tenait pour la nullité; mais l'opinion contraire était plus généralement adoptée (2). Elle est incontestable aujourd'hui ; car le Code ne s'est point approprié les expressions restrictives de l'ordonnance.

(1) Tit. 3, art. 2.
(2) Voyez Rodier, sur les art. 3 et 4 du tit 3 de l'Ordonn., quest. 5.

Les délais de l'ajournement, la manière de les compter, leur augmentation à raison des distances, tous ces points ont été réglés en considération de la personne assignée, pour lui donner le temps de préparer sa défense, et de la faire présenter. Je suppose qu'au lieu des huit jours francs du Code, l'ajournement porte quinzaine, cette personne sera-t-elle bien venue à dire, se plaignant d'une faveur trop grande, qu'il y a contravention à la loi et nullité de l'exploit? Elle seule offenserait la loi, en lui prêtant ce ridicule esprit.

On objectera que le défendeur peut avoir intérêt à ne pas attendre l'expiration de cet excédant de délai, pour comparaître et répondre. J'en conviendrai. Qu'il vienne l'anticiper alors; que son avoué poursuive l'audience contre celui que le demandeur a dû constituer dans l'ajournement. Je ne connais rien qui s'y oppose.

Maintenant je retourne la question. Si le délai de l'assignation est plus court que celui de la loi, n'y aurait-il point nullité? Les avis sont plus divergens, la solution est donc plus difficile.

Il faut d'abord interroger les textes.

L'article 61 du Code exige, à peine de

nullité, qu'un délai soit indiqué. Je le conçois ; cela tient à la substance de l'acte qui,
sans l'indication d'un jour pour comparaître,
ne serait plus un *ajournement*.

Vient ensuite l'article 72 qui fixe à huitaine
le délai ordinaire. Mais pourquoi n'y trouve-
t-on plus ces mots : à peine de nullité? C'est
que le plus ou le moins, dans l'indication du
délai, n'altère point la substance de l'acte. Que
l'on assigne à trois, à huit, ou à quinze jours,
ce sera toujours un ajournement.

Cependant la loi a-t-elle eu la folle confiance de s'en rapporter à la discrétion des
plaideurs, pour l'observation des délais qu'elle
a fixés? Quelles garanties offrira-t-elle contre
les surprises et la brusquerie d'une attaque
qui ne laisserait pas à la défense le temps de se
reconnaître et de s'armer ? Le droit le plus
sacré n'aurait donc point de sanction ?

La sanction de la loi et les garanties de la
défense vont se découvrir dans les différentes
phases de la comparution, si l'on veut bien
me passer cette expression.

Vous avez été assigné à trois jours, au lieu
de la huitaine franche que vous donne le
Code.

Première hypothèse : vous comparaissez ;

ART vous vous trouvez prêt à répondre; vous ne réclamez point contre la brièveté du délai; vous débattez le fond de la cause. Il est inutile alors de parler des garanties que la prévoyance de la loi voulait vous assurer, car vous avez été libre de renoncer au droit établi en votre faveur. Cette liberté ne compromet ni l'ordre public, ni les bonnes mœurs.

Seconde hypothèse : vous comparaissez ; vous vous plaignez de ce que le délai ordinaire ne vous a point été donné, et vous prétendez que l'assignation est nulle. Toutefois le nombre des jours qui composent ce délai n'est pas prescrit, *à peine de nullité*, par l'article 72, et l'article 1030 défend aux juges de déclarer nul un exploit ou un acte de procédure, si la nullité n'en est pas *formellement* prononcée par la loi. Ils vous rendront ce qui vous manque, ils renverront la cause à l'échéance du terme légal : *occasio rapienda est quæ præbet benignius responsum* (1). La nullité de l'ajournement, dans cette circonstance, serait-elle de quelque intérêt pour vous, ou pour la justice ? Aucunement (2).

(1) L. 168, ff. *de div. reg. jur.*

(2) Ce n'est pas moi qui fais cette réponse, c'est le

Troisieme hypothèse : vous vous présentez, non pas, comme ci-dessus, dans le délai trop bref que portait l'assignation : *in nimis coarctato sistendi tempore*, mais après l'échéance du terme que votre adversaire aurait dû vous donner : *termino congruo.* Une distinction doit être faite :

Si les choses sont restées entières, si aucun jugement n'a été rendu, si aucun avantage n'a été pris contre vous, quelle serait la cause raisonnable de vos plaintes ? De toutes les nullités que les articles de la loi prononcent, il n'en est pas une qui ne se rapporte à un motif plus ou moins éloigné, plus ou moins perceptible. Pourquoi vous serait-il permis, dans la situation où je vous suppose, de conclure à la nullité de l'ajournement ? Vous avez pris vous-même les jours que l'on aurait dû vous laisser pour comparaître ; on vous a attendu, et la procédure, restée stationnaire jusqu'à

législateur lui-même, puisque, encore une fois, il n'a pas cru devoir attacher la peine de nullité à l'inobservation qui rendrait incomplet le nombre des jours fixés par l'article 72. Je prie que cette remarque me soit permise, afin qu'on ne m'accuse pas de contredire ici les principes que j'ai déjà eu l'occasion d'établir dans ce chapitre, pour des cas où la nullité était prononcée.

Art. votre apparition, n'a plus qu'à prendre son cours suivant l'ordre accoutumé.

Mais si votre adversaire s'est hâté, dans votre absence, et avant que le temps de la loi fût accompli, d'obtenir quelque condamnation, ou quelque préjugé favorable à sa cause, les voies de recours ne vous manqueront pas, pour la mise au néant de tous ces fruits d'une insidieuse obreption (1). Ce n'est pas à dire que la nullité affectera particulièrement l'assignation et son délai trop bref; je le répète encore : l'article 72 ne contient pas de peine contre cette irrégularité, considérée en elle-même et pure de toute espèce de dommage; mais la justice enveloppera dans la proscription de l'instance, et l'ajournement qui en fut le principe, et les actes qui en ont été la fin. Vous me demanderez de quelle loi je tire ma conclusion? Je répondrai : de la loi de nature, qui veut que nul ne puisse être condamné, s'il n'a été entendu ou appelé, *ut is cujus interest se defendat* (2),

_____

(1) La marche à suivre sera expliquée, lorsque je traiterai des Oppositions aux jugemens par défaut et des Appels.

(2) Voyez ci-dessus page 65 et la note.

et des lois organiques de cette loi de nature,
qui, en fixant les délais de l'ajournement, ré-
putent non appelée, quand elle ne se présente
point, la partie à laquelle ces délais n'ont pas
été donnés (1).

Assigner *dans les délais de la loi*, est-ce
remplir le vœu de l'article 72, dont le § 5
exige, à peine de nullité, *l'indication du délai pour comparaître?* M. Carré dit que l'affirmative de cette question, qui fut douteuse
dans les premiers temps du Code de procédure, est devenue certaine aujourd'hui, et
qu'elle se fonde sur un grand nombre d'arrêts.
Toutefois le savant professeur ajoute que,
sans ces décisions, il n'eût pas cru suffisante
la formule qu'elles ont consacrée (2).

(1) Voyez le Nouveau Répertoire de jurisprudence,
et les autorités qu'il cite, *v° Délai*, sect. 1ʳᵉ, § 1,
n° 5. Presque tous les arrêts qui, dans l'ancienne
jurisprudence, ont déclaré nulles des assignations à
trop bref délai, ont été rendus en matière de *Retrait*,
où toutes les formalités devaient être observées avec
une rigueur extrême, soit qu'elles eussent été établies
pour le retrait même en particulier, soit qu'elles
fussent communes aux autres matières.

(2) Lois de procéd., t. 1, p. 161 et 163 aux notes.

Je ne les ai point comptées, mais j'ai osé les contre-peser avec l'autorité du texte, et, c'est peut-être trop de témérité, j'ose encore dire que je les ai trouvées légères.

Voici l'analyse de leurs motifs :

« Nul n'est censé ignorer la loi. Le défendeur, assigné à comparaître *dans les délais de la loi*, connaît donc les articles qui fixent la mesure de ces délais, les cas où ils doivent être augmentés, et ceux où ils doivent être diminués. C'est à lui de faire le calcul des jours qui lui sont accordés pour se présenter.

» L'article 456 porte que l'acte d'appel contiendra assignation dans les délais de la loi ; et si personne ne peut contester que l'exploit introductif d'une instance d'appel ne soit soumis à toutes les formalités d'un ajournement ordinaire, les doutes doivent être levés sur le vrai sens de l'article 61.

» Enfin, c'était autrefois une coutume généralement approuvée que d'assigner *dans les délais de l'ordonnance.* »

M. Merlin développa cette doctrine, en 1811, avec cette abondance de citations qui distinguait ses réquisitoires, et il fit casser un arrêt de Turin qui avait jugé le contraire. Depuis lors, l'usage d'assigner *dans les délais*

Art.

de la loi a prévalu. Cependant les auteurs se croient encore obligés d'avertir qu'il serait imprudent d'y avoir trop de confiance : « Malgré les solutions qui résultent de la jurisprudence de la Cour de cassation, dit M. le président Favard de Langlade, il est toujours utile d'indiquer d'une manière précise le délai pour comparaître (1). »

Cette jurisprudence, si commode pour les demandeurs, me paraît, de tout point, opposée à la lettre et à l'esprit du Code.

Mais, avant d'entreprendre de justifier mon opinion, il faut que j'explique pourquoi les anciens arrêts et les anciens auteurs admettaient, comme valable, l'énonciation vague d'une assignation dans les délais de l'ordonnance.

C'est qu'il n'y avait pas de loi qui prescrivît l'indication du délai pour comparaître. Un ajournement, sans aucune mention d'un délai quelconque, n'était pas nul, parce que, disait-on, l'assigné *devait comparoir au plus prochain jour plaidoyable* (2).

(1) T. 1er, p. 139; M. Carré, Lois de procéd., t. 1, p. 165; le Praticien Français, t. 3, p. 208, et le Journal des Avoués, nouv. édit., t. 3, p. 249.

(2) Carondas, code Henri, p. 137; Boucheul sur Poitou, t. 2, p. 463 et 464.

L'ordonnance de 1667 fixa les délais de comparution devant les justices royales; mais, sur la nécessité de les indiquer, elle resta muette, comme celles qui l'avaient précédée.

« Le mot *ajournement* semble bien signifier qu'il faut assigner à certain jour, écrivait Rodier, mais il semble aussi que le délai des assignations étant réglé par l'ordonnance, il n'est pas nécessaire, *sous peine de nullité,* que l'exploit *indique* le délai; il n'y a qu'à observer celui fixé par l'ordonnance; et, *puisqu'elle n'enjoint nulle part d'indiquer ce délai dans l'exploit,* il n'y a pas de contravention à l'omettre (1). »

Telles étaient aussi les raisons de Valin (2) et de Pothier (3).

Rodier n'en conseillait pas moins d'*indiquer* le délai; car, je le répète, cette doctrine n'a jamais paru très-sûre à ceux qui l'ont exposée; et ce n'était pas sans avoir été critiquée, soit avant, soit après l'ordonnance, qu'elle avait obtenu de passer en usage.

(1) Sur l'art. 2, tit. 3 de l'ordonn., quest. 2.

(2) Sur la Rochelle, t. 2, p. 73 et 74.

(3) *Des Retraits*, n° 270.

« Faut noter, disait Fontanon, que, pour Aʀᴛ.
la validité de l'ajournement, il est requis qu'il
soit fait à jour certain. Encore que quelques-
uns aient tenu que l'omission du jour ne le
rend nul, toutefois la plus saine opinion'a tenu
le contraire (1). »

Un autre interprète de Mazuer s'exprimait
dans le même sens : *Tutiùs est autem diem
certum præfigere ; ac sic, sine disputatione et
cavillatione causæ possunt expediri* (2).

Je pourrais citer encore d'Argentré : *Juris-
consulti inquirunt an, si citatione dies nulla
comprehensa sit, valeat tamen, veluti et con-
suetudine supplenda sit. Valere quidem exis-
timant. Melior sententia negat* (5).

Le Parlement de Toulouse, par arrêt du
25 janvier 1725, déclara nulle une assignation dont le délai n'était pas *indiqué* dans la
copie (4).

L'un des plus savans collaborateurs de Prost
de Royer, laissant de côté les arrêts pour et

_____

(1) Traduct. de la prat. de Mazuer, tit 1ᵉʳ, n° 5,
p. 4.

(2) Castritius Darmstatinus, *apud Mazuer*, n° 4, p. 3.

(3) *In art.* 25, *gloss.* 3, n° 3, p. 87.

(4) Journal du Palais, par de Juin, t. 4, p. 289.

2.   12

Aʀᴛ. contre, après en avoir rapporté un grand nombre, résumait la question en ces termes : « Quant à nous, notre avis est que l'assignation donnée simplement *dans les délais de l'ordonnance*, ne doit pas être plus valable que l'assignation donnée *sans expression de jour à comparoir;* et nos motifs sont les mêmes : 1.º Quoique l'ordonnance ne prononce pas la nullité, elle la suppose ; elle ne prononce pas non plus la nullité de l'assignation sans date, et cependant nous avons prouvé que l'omission de la date rendait l'assignation nulle. 2º C'est précisément parce que l'ordonnance fixe les délais d'une manière certaine, qu'on doit les énoncer dans l'exploit d'une manière certaine. Cette énonciation n'est pas moins de l'essence de l'acte, que ne l'est l'indication du juge qui doit connaître le différend.... (1). »

Cette dernière considération se trouve encore plus vraie aujourd'hui; car l'article 61 du Code met sur la même ligne, et sous la même sanction, la nécessité d'*indiquer* le tribunal qui doit juger, et le délai pour y comparaître.

Mais, à part tout ce que je pourrais trouver dans les anciens livres, pour l'opposer à Ro-

_____

(1) Dict. de Jurisp. et des Arrêts , t. 7, p. 748.

dier, à Valin et à Pothier, je me réduis à Art
faire observer que leur opinion était principa-
lement motivée sur ce que l'ordonnance
n'enjoignait nulle part d'indiquer le délai de
la comparution.

Or le Code de procédure est venu exiger
cette indication, à peine de nullité; je suis
donc autorisé à conclure que, si l'ordonnance
eût offert une disposition semblable, ces auteurs auraient autrement parlé.

La jurisprudence d'aujourd'hui n'est qu'une
tradition échappée des ruines de l'ancienne
législation. C'est un effet qu'on a laissé survi-
vre à sa cause.

Je reviens à mon texte : l'ajournement doit
contenir l'indication du délai pour comparaître. Si vous m'assignez dans le délai de la
loi, vous ne l'indiquez pas; car *indiquer*, c'est
montrer, c'est enseigner à quelqu'un ce qu'il
ne connaît point (1). Vous ne m'indiquez rien
quand vous me renvoyez à un dédale d'articles : est-ce m'indiquer mon chemin, que
de me dire de le chercher?

Mais nul n'est censé ignorer la loi!

Je réponds qu'ici la fiction est inapplicable,

_____

(1) Dict. de l'académie.

Art. puisque vous devez m'*indiquer* ce qu'il y a
dans la loi.

Et c'est bien ainsi que l'entendaient ceux
qui ont fait le Code. Lisez les paroles de l'o-
rateur du Gouvernement, lorsqu'il présenta
au corps législatif le titre des ajournemens :

« Il faut que celui qui est assigné *sache*
pourquoi il est cité, par quel motif, à quel
tribunal, *à quelle époque*, quel est l'avoué
qui doit occuper pour le demandeur. *L'exploit
doit le dire.* »

Vous le voyez : ce n'est point dans la loi
que le défendeur doit aller chercher le jour
de sa comparution, c'est dans l'exploit qu'il
doit le trouver : L'EXPLOIT DOIT LE DIRE ; *qui
agit certus esse debet, cùm sit in potestate ejus
quando velit experiri* (1).

Ces mots répondent à tous les argumens
du système contraire ; ils forment, en faveur
du droit de défense, une de ces innombrables
exceptions que reçoit la maxime, *nul n'est
censé ignorer la loi.*

S'il faut faire aux gens que l'on assigne les
honneurs de cette effrayante fiction, il ne sera
donc plus besoin d'indiquer, dans un ajourne-

---

(1) L. 42, ff. *De div. reg. jur.*

ment, le tribunal qui devra juger ; car, tout défendeur étant censé connaître la loi, il ne doit
pas lui être permis d'ignorer les règles de compétence que la loi a déterminées. Il suffira
donc de l'ajourner devant *le tribunal compétent ?* M. Dalloz s'est laissé aller jusqu'à
cette conclusion : « On peut se demander, a-
t-il dit, si l'assignation devant le tribunal
compétent équivaudrait à l'indication exigée
par l'article 61 du Code? La jurisprudence
n'a pas eu à se prononcer sur cette question,
et *nous pensons qu'une semblable indication
serait suffisante.* On pourrait, pour la justifier, s'étayer des raisons qui valident l'assignation à comparaître *dans le délai de la loi,*
sans autre indication plus précise (1). »

C'est le cas de dire que les conséquences
sont la pierre de touche des principes. L'es-
timable jurisconsulte que je viens de citer
n'a pas songé aux impossibilités de celles qu'il
risquait de subir. Je ne répéterai point
ce que j'ai dit sur l'assignation dans le délai
de la loi; je ne dirai point qu'assigner devant le tribunal compétent, ce n'est pas,
indiquer le tribunal qui doit connaître de

(1) Collect. nouv. t. 7, p. 757

ART. *la demande*, c'est-à-dire, indiquer quel est le tribunal compétent; je ne rappellerai point ce principe, qu'en général tous les renseignemens qui concernent l'action doivent être fournis par l'exploit : *propriis verbis instrumenti non extrinsecùs* (1). Mais je ferai observer qu'en matière mixte, il est loisible d'assigner, soit devant le juge de la situation de la chose litigieuse, soit devant

59. le juge du domicile du défendeur, et qu'en matière personnelle, s'il y a plusieurs défendeurs, le demandeur peut les ajourner tous, à son choix, devant le tribunal de l'un d'eux. Or vous faites assigner, en matière personnelle, trois ou quatre défendeurs *devant le tribunal compétent, et dans le délai de la loi;* veuillez me dire à quel tribunal et à quelle époque chacun d'eux devra se présenter? car il y aura, pour comparaître, trois ou quatre tribunaux compétens, ce qui fera trois ou quatre délais différens, à raison des distances.

En l'an X, on agita devant la Cour de Colmar la question de savoir si, dans une assignation donnée à un domicile élu, l'augmen-

_____

(1) Voyez ci-dessus, pag. 149.

tation du délai devait être calculée d'après la ART.
distance de ce domicile au lieu de la comparution, ou d'après celle du domicile réel.
L'arrêt décida que c'était d'après la distance
du domicile élu. Il y eut pourvoi, et la Cour
de cassation le rejeta.

La même question se présenta en l'an XII
devant la Cour de Paris, qui jugea dans le
sens opposé. Il y eut pourvoi, et la Cour de
cassation le rejeta.

M. Merlin, qui rapporte ces deux arrêts (1),
fait observer entre eux cette différence, que
le premier déclare en termes exprès que l'assignation a pu être donnée au domicile élu,
pour comparaître dans le délai qui suffisait,
eu égard à ce domicile; tandis que le second
décide seulement qu'en jugeant le contraire,
la Cour de Paris *n'a violé aucune loi*. « En
effet, ajoute-t-il, *la loi ne s'explique pas positivement sur ce point;* et dès-là il était impossible de casser l'arrêt de Paris. »

Le Code de procédure ne s'expliquant pas
mieux, à cet égard, que l'ordonnance de 1667,
je prie que l'on me permette encore cette

_____

(1) Rép. V° *Consuls*, tom. 3, pag. 20 et 21.

ABT. question : Si vous assignez à domicile élu ;
pour comparaître *dans les délais de la loi*,
quelle loi consultera le défendeur pour connaître ces délais? Il n'y en a pas qui s'explique
positivement là-dessus. Interrogera-t-il la
jurisprudence? Il y a arrêt pour et contre. Il
faut croire, me répondra-t-on, qu'il trouvera
la solution, sinon dans les termes, au moins
dans l'esprit de la loi : *quasi hoc legibus inesse
credi oportet* (1). C'est donc à dire que le temps
qui lui est donné pour rechercher ses titres,
préparer sa défense, et venir la faire présenter,
devra être employé à courir çà et là pour feuil-
leter les livres, compiler les arrêts, et faire parler à ses risques et périls cette loi qui se tait?
Non; c'est au demandeur à montrer et à mesurer la route que devra tenir la personne
assignée : *qui agit certus esse debet.* Dans le
doute c'est à lui de se consulter; il peut, s'il
veut s'assurer mieux de la validité de son
ajournement, donner quelques jours de plus,
cùm sit in potestate ejus quando velit experiri.
Enfin il faut suivre le texte : *l'ajournement
contiendra* L'INDICATION *du tribunal qui doit*

_____

(1) L. 27, ff. *De legibus.*

connaître de la demande et du délai pour Art.
comparaître, à peine de nullité.

Reste l'objection tirée de cet autre texte :
« L'acte d'appel contiendra assignation dans 456.
les délais de la loi. »

Je ne me bornerai point à répondre, avec
M. Pigeau (1), que, si cet article n'exige pas,
comme l'article 61, l'indication précise du
délai, c'est peut-être parce que celui qui est
assigné en appel, plus aguerri après la victoire qu'il vient de remporter, doit mieux
connaître la loi qui lui a été déjà appliquée,
ou qu'il a déjà appliquée lui-même à son adversaire, dans le premier engagement de la lutte.

Je ne crois pas qu'une pareille concession
doive être faite.

Autrefois il n'était point nécessaire qu'un
acte d'appel contînt ajournement; c'était une
simple déclaration de recours au tribunal
supérieur. On *relevait* l'appel par un autre
exploit, en assignant pour *procéder sur icelui,*
et faire juger les griefs.

Cette distinction n'a pas été admise dans le

_____

(1) Comment. t. 1, p. 182. Tous les arrêts recueillis
sur la question n'ont été rendus que pour des actes
d'appel.

Art.   système du Code de procédure. L'acte d'appel
est devenu un véritable ajournement, comme
tout exploit introductif d'une instance. Voilà
le principal motif de la rédaction de l'article
456. Il était convenable d'y mettre que l'assignation serait donnée *dans les délais de la loi*,
afin de ne pas répéter tout ce qui avait déjà été
dit sur les délais. Remarquez d'ailleurs, ce qui
n'a peut-être pas été assez aperçu, que ces
mots, *les délais de la loi* (1), ne se rapportent
pas seulement aux articles 72, 73 et 74, mais
encore à beaucoup d'autres dispositions particulières qui se trouvent, soit dans le Code,
soit en dehors, et dont il eût été impossible
de faire là une espèce de table. Ainsi les délais de l'assignation, dans un acte d'appel, ne
se calculent pas toujours suivant la règle générale, lorsqu'il s'agit d'incidens sur la poursuite d'une saisie immobilière (2). Il en est

(1) M. Merlin, dans son réquisitoire du 18 mars
1811, argumente de l'art. 456, comme s'il y avait,
dans LE DÉLAI *de la loi ;* c'est une erreur, il y a :
dans LES DÉLAIS *de la loi.* V. le Répert., t. 15, p. 174.

(2) Art. 734 et 736; art. 4 du décret du 2 février 1811. Voyez Sirey. — 11. — 1. — 406, et 15.
— 1. — 359.

de même, quand on demande l'infirmation ART,
d'un jugement qui a rejeté une opposition à
mariage (1). Les appels de justice de paix, en
matière de douanes, doivent porter assignation à trois jours devant le tribunal civil (2).
Inutile de multiplier les exemples. Il est évident que l'on n'a point entendu donner, dans
l'article 456, une simple formule d'appel,
mais que l'on a voulu éviter l'embarras d'un
classement de cas spéciaux, en renvoyant
d'un mot à *la loi* que l'appellant devra consulter et suivre.

Les règles établies pour les tribunaux inférieurs doivent être observées en appel, sauf
les clauses de dérogation expresse, et les résis- 470.
tances d'une incompatibilité manifeste. Certes rien ne s'oppose, dans toute l'économie
du Code, à ce que l'assignation contenue
dans un acte d'appel, indique les délais de
comparution, comme le veut expressément
l'article 61.

Je termine par une observation qui doit,

(1) Code civ., art. 78. Voyez le Répert., t. 17,
p. 251.
(2) L. du 14 fructidor an 3, art. 6.

Art. ce me semble, mettre à découvert la pensée que le législateur a voulu exprimer en disant : *L'acte d'appel contiendra assignation dans les délais de la loi.*

L'article 437, au titre *de la procédure devant les tribunaux de commerce*, porte aussi que l'opposition à un jugement par défaut *contiendra assignation dans le délai de la loi.* Or le délai de l'assignation, en matière commerciale, est d'un jour *au moins* (1), ce qui veut dire que le délai ordinaire de huitaine, déterminé par l'article 72, peut décroître, au gré du demandeur, jusqu'à un seul jour. Par conséquent *le délai de la loi* flotterait incertain dans cet espace de temps, si l'assignation ne le fixait pas, en *indiquant* pour la comparution, où l'un des jours extrêmes, ou l'un des jours intermédiaires.

Il résulte de ce rapprochement que les expressions de l'article 456 sont loin de déroger à l'obligation d'indiquer le délai des ajournemens, puisque les mêmes expressions écrites dans l'article 437, la font voir plus indispensable encore.

(2) Art. 416. Ce jour est franc.

Je passe à la remise des exploits. ART.

L'ancienne Gazette des Tribunaux rapporte deux arrêts, l'un du Parlement de Paris, l'autre du Parlement de Dijon, qui annulèrent des procédures dans lesquelles les mêmes individus avaient assigné comme huissiers, occupé comme procureurs, prononcé comme juges, puis, reprenant leur premier rôle, avaient signifié et mis à exécution la sentence. On croira peut-être qu'il a fallu remuer les décombres du moyen âge pour trouver des traits de ce genre. Point du tout, le premier de ces arrêts est de 1779, et le second a été rendu le 9 août 1787 : il n'y a pas plus de quarante-deux ans (1). A ne considérer la justice que dans son administration subalterne, vous diriez qu'il y a trois ou quatre siècles de civilisation entre cette époque et celle où nous vivons aujourd'hui.

L'exercice du ministère d'huissier est incompatible avec toute autre fonction publique salariée (2).

Les huissiers sont tenus de se renfermer

_____

(1) Gaz. des Trib., tom. 7, p. 241, et t. 24, p. 209 et 210.

(2) Décret du 4 juin 1813, art. 40.

ART. dans les bornes de leur ministère (1) et de leur compétence.

Celui qui ne remet pas lui-même, soit à *personne*, soit à *domicile*, l'exploit ou la copie des pièces qu'il a été chargé de signifier, doit être condamné, par voie de police correctionnelle, à une suspension de trois mois, et à une amende qui ne peut excéder 2,000 fr. En cas de dessein frauduleux, il y a lieu de le poursuivre criminellement comme coupable de faux (2).

66.   Un huissier ne peut, à peine de nullité, instrumenter pour ses parens et alliés, et ceux de sa femme, en ligne directe à l'infini, ni pour ses parens et alliés collatéraux, jusqu'au degré de cousin issu de germain inclusivement. A plus forte raison doit-il lui être interdit de faire aucuns exploits dans les affaires où il a intérêt personnel. On a même jugé qu'un huissier n'avait pu signifier un appel à la requête d'une partie qui l'avait constitué son mandataire général et spécial (3).

Le Code ne lui défend pas d'exploiter *contre*

(1) Décret du 4 juin 1813, art. 39.
(2) *Ibid.*, art. 44 et 45.
(3) Dalloz, Collect. nouv., t. 7, p. 699 et 700.

ses parens et alliés : c'est apparemment parce qu'il n'y a plus sujet de craindre, en ce cas, les tentations du sang et de l'affinité; ou bien n'a-t-on pas voulu supposer qu'il pût exister un huissier assez dépourvu de pudeur, pour aller assigner ou contraindre son père, sa mère et ses proches.

Il est dit dans une ordonnance que fit le Dauphin au mois de mars 1356, pendant la captivité du roi Jean : « que les huissiers, en allant faire leurs exploits, menaient grand état et faisaient grande dépense, aux frais des bonnes gens pour qui ils exploitaient; qu'ils allaient à deux chevaux pour gagner plus grand salaire, quoique, s'ils allaient pour leurs propres affaires, ils iraient souvent à pied. » C'était un abus non moins ruineux pour les pauvres gens ajournés, saisis, exécutés, expulsés, ou poursuivis de toutes autres façons, que le privilége accordé à certains huissiers d'instrumenter dans des juridictions immenses, et même partout le royame. Le coût de leur transport était souvent au-dessus de la valeur du procès.

Les lois nouvelles ont réduit les attributions de tous les huissiers, au droit d'exploiter dans le ressort du tribunal de l'arrondissement où

Aʀᴛ. ils résident. Hors de ce territoire, un huissier n'est plus qu'un particulier ordinaire. Il faut qu'il justifie, dans ses actes, de ses pouvoirs et de sa compétence, en y énonçant ses noms,

61 § 2. sa demeure et son immatricule (1).

Tout huissier qui charge un huissier d'une autre résidence d'instrumenter pour lui, à l'effet de se procurer un droit de transport qui ne lui aurait pas été alloué, s'il eût instrumenté lui-même, est puni d'une amende de 100 fr., sans préjudice de la restitution du droit indûment perçu. Celui qui prête sa signature encourt la même peine (2).

Le règlement du 4 juin 1813 veut qu'il soit établi, autant que les localités le permettent, des huissiers dans les chefs-lieux de canton, ou dans l'une des communes les plus rapprochées; et, pour empêcher que le demandeur ne puisse multiplier les frais, en faisant marcher sans nécessité un huissier éloigné du domicile de son adversaire, la loi ne passe, dans les cas de transport, qu'une journée,

62. au plus, pour tous frais de déplacement (3).

(1) Voyez ci-dessus, p. 29 à la note.
(2) Décret du 14 juin, art. 36.
(3) Voyez le tarif du 16 février 1811, art. 23 et 66.

« Quant au salaire des sergens, disait Ca- Art.
rondas, parce qu'ils sont limités par les ordonnances, ils le doivent mettre en leurs
exploits, tant afin que la partie les puisse répéter, si elle obtient gain de cause, que pour
avoir recours contre le sergent qui aura trop
pris, si tant ne lui est taxé; car ce que le
sergent prend outre ce qui lui est permis par
les ordonnances, et ne le met à son exploit,
est réputé *exaction* : et souvent pour telles
causes, j'ai vu condamner des sergens à
rendre le surplus et en l'amende (1). » Ces
motifs de nos anciennes ordonnances sont
encore ceux de l'article 67 du Code : « Les 67.
huissiers seront tenus de mettre à la fin de
l'original et de la *copie* de l'exploit, le coût
d'icelui, à peine de cinq francs d'amende. »

Si l'huissier trouve, en quelque endroit
que ce soit, la personne qu'il est chargé
d'assigner, il lui remet à elle-même l'ajour- 68.
nement, et il en fait mention sur l'original
et sur la copie de l'exploit. C'est ce qui peut
arriver de plus rassurant pour la justice.

La journée est de cinq myriamètres (dix lieues
anciennes).

(1) Code Henri, liv. 5, tit. i, art. 4.

Il faut pourtant bien se garder de croire que cette bonne fortune puisse dispenser des autres énonciations que la loi commande, et qui doivent dissiper tous les doutes sur l'identité.

Par exemple : l'huissier ajourne une personne qu'il a trouvée hors de son domicile; il la désigne par ses prénoms, par son nom, et, si l'on veut, par sa profession; il remet l'assignation à elle-même; je suppose plus encore : cette personne, à l'instant où elle a reçu l'exploit, a déclaré, sur l'interpellation qui lui a été faite, que ces prénoms et ce nom étaient les siens, que cette profession était la sienne : mais la désignation de sa demeure a été oubliée. L'exploit sera-t-il nul?

Je sais qu'il a été jugé, en pareil cas, que le vœu de la loi était rempli, et que la certitude était complète, soit par la remise directe de l'assignation, soit par les déclarations qui l'avaient accompagnée (1).

C'est un nouvel abus de la doctrine des équipollences; car il n'est pas impossible qu'il y ait dans le royaume deux individus portant les mêmes prénoms, le même nom, et exer-

(1) Jurisprudence de la Cour supérieure de justice de Bruxelles, année 1821, p. 125.

çant la même profession. Cette mention de Art.
la profession de l'assigné, que la loi n'exige
pas, ces interpellations et ces réponses, ne
peuvent jamais suppléer à la désignation de
la demeure, qui offre quelque chose de plus
sûr, et que la loi prescrit pour tous les cas,
à peine de nullité (1).

La Cour de Liége demandait, dans ses observations sur l'article 61, « qu'on n'obligeât
pas le demandeur à insérer dans son exploit
la demeure du défendeur, lorsque l'assignation était donnée à lui-même. » Le Conseil
d'État n'y eut aucun égard (2).

J'ai dit que l'huissier pouvait remettre l'a-
journement au défendeur, *en parlant à sa
personne*, en quelque endroit que ce fût.
Cette proposition eût été trop générale autrefois. Les coutumes et les arrêts avaient créé
des exceptions, qui furent d'abord admises
dans le projet du Code. On y lisait : « Aucun
exploit ne pourra être signifié dans les lieux
publics destinés aux cultes, aux heures des
offices ; dans le lieu et pendant la séance des

(1) Voyez les questions de droit de M. Merlin, t. 7,
p. 450 et 451.
(2) Voyez ci-dessus, p. 110 et 111.

Aʀᴛ. autorités constituées; dans les bourses, pendant leur tenue, le tout à peine de nullité (1). »
L'article fut retranché; on a laissé subsister

781. quelques-unes de ses dispositions , pour
l'exercice de la contrainte par corps seulement, à cause du tumulte, presque toujours
inévitable, que produisent l'arrestation ou
la résistance du débiteur.

Je puis donc le répéter : aujourd'hui les
exploits sont valablement remis en tous lieux,
pourvu qu'ils le soient aux mains de ceux
auxquels ils s'adressent, sans préjudice toutefois des peines que l'huissier pourrait encourir,
si , par quelque inopportunité ou par quelque irrévérence, il excitait du trouble et du
scandale.

Mais la personne qu'il s'agit d'assigner n'a
été trouvée ni chez elle, ni dehors. L'ajournement n'a pu être donné *in faciem*, il

68. faudra le laisser *ad domum*.

La diversité des coutumes donnait jadis
une grande importance aux questions de domicile. C'était sur leurs limites un combat

(1) **Esprit du Code de procéd.**, par **M**. Locré, t. 1 ,
p. 159.

opiniâtre, où tous les droits civils se trouvaient
engagés. Aujourd'hui, si vous en exceptez ce
qui touche aux publications et à la célébration
des mariages, tout l'intérêt de ces questions
se rattache à l'exercice des actions judiciaires;
elles sont entrées dans le domaine de la
procédure.

On distingue le domicile réel et le domicile élu.

Le domicile réel de tout Français, quant
à l'exercice de ses droits civils, car je ne dois
pas m'occuper ici des droits politiques, est au
lieu où il a son principal établissement, où il a
fixé sa demeure, le centre de ses affaires, le
siége de sa fortune; au lieu d'où il ne s'éloigne
qu'avec le désir et l'espoir d'y revenir, dès
que la cause de son absence aura cessé (1):
Ubi quis larem, rerumque ac fortunarum sua-
rum summam constituit ; undè cùm profectus
est, peregrinari videtur ; quò si rediit, pere-
grinari jam destitit (2).

Ce n'est pas la propriété, c'est l'habitation
qui fait le domicile : *sola domûs possessio quæ*
in alienâ civitate comparatur, domicilium non

(1) Code civ., art. 502, et exposé des motifs.
(2) *L.* 7, *Cod. de incolis, etc.*

ᴀʀᴛ. *facit* (1). On peut avoir son domicile dans une maison louée. Le soldat invalide a le sien dans cet hôtel royal consacré au repos de ses vieux jours, et le pauvre orphelin n'en a pas d'autre que l'hospice où il reçut un berceau : *domum accipimus, sive in propriâ domo quis habitet, sive in conductâ, sive gratis, sive hospitio receptus sit* (2).

Notre ancienne jurisprudence avait admis, à l'instar du droit romain, la possibilité légale d'un double domicile (3). C'était une source immense de difficultés, que le Code civil a heureusement tarie. L'unité du domicile réel est devenue la conséquence nécessaire de la disposition qui le fixe au lieu du principal établissement. « Désormais, disait M. Tronchet au Conseil d'État, les questions de domicile ne s'élèveront plus que relativement aux actions, et pour savoir devant quels juges elles devront être intentées. Or, sous

____

(1) *L.* 17, § 13, *ff. ad municipalem.*

(2) *Inst. lib.* 4, *tit.* 4, *de injuriis*, § 8.

(3) Voyez Faber, *Cod. lib.* 1, *tit.* 2, *definit.* 45, page 12; Boucheul, tom. 1, p. 467 et 786; Rodier, sur l'art. 3 du tit. 2 de l'ordonn., quest. 7.

ce rapport, un individu ne peut avoir qu'un Art. domicile (1). »

Le changement de domicile s'opère par *le fait* d'une habitation réelle dans un autre lieu, *joint* à *l'intention* d'y fixer son principal établissement (2) : *cùm neque animus sine facto, neque factum sine animo, ad id sufficiat* (3).

Le fait n'est autre chose qu'une notoriété à constater.

La preuve de l'intention est plus facile encore, lorsque celui qui transfère son domicile a suivi le sage conseil de la loi, en faisant une déclaration expresse, tant à la municipalité du lieu qu'il laisse, qu'à celle du lieu auquel il veut appartenir (4).

Si l'intention n'a point été manifestée de cette manière, on sera réduit à la chercher dans une foule de circonstances, qui reçoivent de leur réunion ou de leur isolement plus ou moins de force, et dont l'appréciation est abandonnée aux lumières des magistrats. Le service de la garde nationale ; le paiement des

(1) Législ. civ., par M. Locré, t. 2, p. 45.
(2) Cod. civ., art. 103.
(3) D'Argentré.
(4) Code civ., art. 104.

Art. contributions personnelles; l'acquisition d'une
maison, ou d'un fonds de commerce; l'énonciation de la demeure dans un contrat, ou
dans quelques actes judiciaires donnés ou
reçus sans réclamation; telles sont, entre
autres, les considérations qui peuvent servir
à résoudre les difficultés de ce genre.

Dans le doute, l'intention s'explique par le
fait de l'habitation, car le fait parle. S'il y a
incertitude sur le fait, il faut croire à l'esprit
de retour, et se décider pour le domicile d'o-
rigine. *Nec Ulysses totis duodecim annis sine
domicilio fuit, cùm Ithacam semper cogi-
taret* (1).

Une infinité de cas peut être prévue, beaucoup de questions peuvent être agitées, pour
l'application de ces principes à la remise
d'un ajournement. Leur solution dépend
presque toujours de l'exactitude de l'huissier,
du soin avec lequel il a dû prendre des infor-
mations, et du jugement à porter sur la bonne ou
la mauvaise foi des parties (2). Si durant
l'instruction du procès, ou dans l'intervalle

(1) D'Argentré.
(2) Voyez Rodier, art. 3, tit. 2, quest. 7, § 15; et
M. Carré, Lois de la procéd., t. 1er, p. 182.

de la sentence à l'appel, l'une d'elles chan-
geait de domicile, sans notifier à l'autre ce
changement et les déclarations qui ont dû
en être faites, conformément à l'article 104 du
Code civil, il est certain que les significations
laissées à l'ancien domicile n'en seraient pas
moins valables. On n'est point obligé de s'en-
quérir à chaque pas, quand on marche sur
la voie que l'adversaire a indiquée lui-même
pour qu'on puisse le trouver.

Il y a des changemens de domicile qui
s'opèrent de plein droit, et qui se déclarent
eux-mêmes à tous les yeux. Ainsi, « l'acceptation de fonctions conférées à vie emporte
translation immédiate du domicile du fonctionnaire dans le lieu où il doit exercer ses
fonctions (1). » Cette translation est indé-
pendante d'une volonté contraire, manifestée par l'établissement que le fonctionnaire
ferait ailleurs de ses foyers et du siége principal de sa fortune. Mais ces mots, *fonctions conférées à vie*, doivent uniquement s'entendre
des fonctions qui ne sont ni *temporaires* ni
révocables, comme celles d'un juge de première instance, ou de Cour royale, par

_____

(1) Code civ., art. 107.

Art. exemple. Les fonctions qui, pour n'être point temporaires, n'en sont pas moins révocables, telles que celles d'un percepteur nommé à vie, n'attirent point le domicile du titulaire au lieu où il les exerce, quelque long-temps qu'il y ait résidé (1).

Les majeurs qui servent ou travaillent habituellement chez autrui, ont *de droit* le même domicile que la personne qu'ils servent, ou chez laquelle ils travaillent, *lorsqu'ils demeurent avec elle dans la même maison* (2). Ce service et ce travail journalier, qui forment leur existence, qui constituent leur état, et qui les retiennent chez le maître, y représentent leur principal établissement.

Toutefois cette fiction de la loi ne va point jusqu'à donner le domicile du maître à une femme qui sert dans une maison que n'habite pas son mari, car la femme mariée ne peut avoir d'autre domicile que celui de son mari (3). Cette règle ne reçoit point d'exception, soit que la femme n'ait jamais paru au domicile

(1) Voyez l'arrêt du 11 mars 1812 rapporté au Répert. v° *receveur des contrib. direct.*

(2) Code civ., art. 109.

(3) Code civ., art. 108.

du mari, soit qu'il y ait entre les époux séparation de biens, soit que mariée sous le régime
dotal, elle ne possède que des biens paraphernaux. Les priviléges qui lui sont accordés pour l'administration et pour la conservation de sa fortune, laissent tout entière la
dépendance de sa personne. *Item et similiter
sufficeret adjornare uxorem in domicilio viri,
etiam pro rebus adventitiis et parapherna-
libus* (1).

Quant à la femme *judiciairement* séparée
de biens et d'habitation, M. de Lamoignon
avait fait un arrêté qui la réputait domiciliée,
en quelque lieu qu'elle demeurât, là où était le
domicile de son mari, à l'époque de la demande
en séparation (2). Mais cette décision n'était
suivie ni par les auteurs, ni par les arrêts.
« La femme séparée de corps, disait Pothier,
a le droit de s'établir où elle voudra, dans
un autre domicile que celui de son mari. »
Le silence des Codes a laissé la carrière ouverte
aux controverses. M. Merlin y est entré seul
pour soutenir l'avis de M. de Lamoignon (3).

(1) Mazuer, tit. 1, n° 18.
(2) Arrêtés, tit. 1, art. 16.
(3) Répert., t. 17, pag. 187.

Aʀᴛ. On juge et on enseigne généralement que la séparation de corps affranchissant la femme de l'obligation d'habiter avec son mari, lui donne le droit de se choisir un domicile.

Les personnes qui ne peuvent exercer leurs droits que par le ministère d'un administrateur légal, ont le même domicile que lui. Le mineur non émancipé a le domicile de son père, de sa mère, ou de son tuteur. Le majeur interdit a celui de son tuteur (1).

Le domicile du condamné aux travaux forcés ou à la reclusion, durant l'interdiction qui le frappe, est celui du curateur qui lui a été nommé (2).

Le prisonnier, le banni, ne perdent point le domicile qu'ils avaient lorsqu'ils en ont été enlevés.

L'émancipation donne au mineur qu'elle dégage des liens de la tutelle, la faculté de se donner un domicile particulier.

On disait autrefois : le domicile d'un soldat est sous son drapeau, et celui du marin à bord de son vaisseau; c'était comme un adage harmonieux où il y avait plus de trait et de poésie

(1) Cod. civ., art. 108.
(2) Code pénal, art. 29.

que de vérité. Le soldat et le marin conservent
le domicile qu'ils avaient en partant.

Mais il est des personnes dont le véritable
domicile est inconnu en France; leurs cour-
ses vagabondes en ont effacé la trace. La
résidence qu'elles font tantôt ici, tantôt là,
constitue donc pour elles autant de domiciles
qui se succèdent. Telle est la gent cosmopolite
des colporteurs, des empiriques, des bâteleurs
et des comédiens ambulans.

Cet aperçu de principes, en ce qui concerne le domicile réel, suffit pour que l'on
voie où l'ajournément doit être régulièrement
porté. Il convient maintenant de savoir comment et à qui l'huissier le donnera, si celui
qu'il s'agit d'assigner ne s'y trouve pas.

Ici viennent se montrer toutes les susceptibilités de la loi, sur ce que les praticiens
appellent *le parlant à*, et toutes ses sollicitu-
des pour donner sûreté à la conscience des
juges, en cas de non-comparution.

L'exploit ne peut être laissé qu'à quelqu'un
de la famille, *alicui ex familiâ;* ce qui veut
dire aux parens et aux serviteurs qui *demeurent avec la personne à laquelle il est destiné.*
On distingue deux classes de serviteurs ou
domestiques : les uns dont les fonctions éle-

Aʀᴛ. vées au-dessus de l'acception vulgaire du mot, n'ont rien que d'honorable, comme les bibliothécaires, les précepteurs, les secrétaires, les commis, les intendans; les autres dont les services supposent une dépendance plus absolue, tels que sont les valets, les servantes, les portiers, etc. (1).

Un étranger trouvé dans la maison, un locataire (2), les gens de ce locataire sont au moins suspects d'indifférence; ils n'offrent point, pour l'exactitude de la remise à l'assigné, ces garanties que donnent une communauté d'intérêts, des liens étroits et des rapports journaliers d'habitation.

Et remarquez bien que c'est *in domo* seulement, qu'il est permis à l'huissier de déposer l'exploit entre les mains des commensaux, parens ou domestiques. La femme, les enfans, les serviteurs trouvés dans un autre lieu, n'auraient plus de capacité pour le recevoir (3). La confiance que la loi leur ac-

(1) Voyez la comp. des juges de paix, par M. Henrion de Pensey, chap. 3o.

(2) A moins qu'on ne considère le locataire comme voisin; mais alors il y aurait à remplir les formalités dont il sera parlé plus loin.

(3) Rodier sur l'art. 3 de l'ordon., quest. 1.

corde au dedans, s'évanouit au dehors, parce ART.
qu'il peut arriver qu'ils égarent ce papier,
qu'ils le perdent dans leur chemin, qu'ils
l'oublient à leur retour, ou qu'ils diffèrent
trop de le remettre.

« Il faut aussi, disaient les anciens auteurs,
que le sergent prenne garde diligemment que
l'exploit qu'il fait au domicile, le soit en parlant à une personne d'âge suffisant (1): »

Cette obligation doit être toujours sous-entendue dans la loi. L'âge suffisant est l'âge
de discernement que le Code exige dans un
témoin pour que sa déposition puisse faire foi:
quinze ans révolus. Outre le danger qu'il y
aurait à laisser entre les mains d'un enfant un
acte dont il ne sent pas l'importance, il est
possible que des difficultés s'élèvent sur
l'heure, sur le jour, sur le lieu auxquels
l'exploit aurait été apporté, et qu'une enquête
devienne nécessaire.

Le système ne serait point complet, si l'huissier n'était pas tenu de faire mention, dans 61.§2.
son exploit, de la personne à laquelle il l'a
déposé, de la qualité de cette personne, et de
ses rapports avec celle qu'il est venu assigner.   68.

(1) Fontanon sur Mazuer, tit. 1, n° 5.

Aat. Cependant, il y a quelques années, cette sage précaution était à peu près tombée en désuétude, et les tribunaux eux-mêmes semblaient favoriser un relâchement qui laissait dans le vague toutes les garanties. On se contentait de dire que l'ajournement avait été laissé à *un domestique*, à *un salarié*, à *un commis*, sans se mettre en peine d'énoncer que ce domestique, ce salarié, ce commis, appartenaient à la maison de l'assigné. Très-souvent on y apportait moins de façons encore, c'était à *un homme* ou à *une femme y trouvés*; et cela passait sans difficulté. En l'an VII, la Cour de cassation réveilla, pour ainsi dire, les échos des anciennes ordonnances, et rendit à leurs dispositions une vigueur salutaire; elle frappa de nullité un exploit signifié pour le mineur de Roquelaure, le 8 avril 1789, à la veuve Sirey, *en son domicile au couvent de l'Assomption à Paris, en parlant à une tourière.* Il fut jugé que ce mot *tourière* désignait, non une personne, et ses rapports particuliers avec madame Sirey, mais simplement une qualité qui pouvait s'appliquer à plusieurs, qui ne signalait rien individuellement, et n'assurait pas que cette tourière fût une des femmes attachées au couvent. Les vieux praticiens murmurèrent, et la jurisprudence eut quelque peine à sortir de l'ornière, pour rentrer dans la bonne voie. Le Code est venu la fixer invariablement

Ce n'était point une vaine dispute de mots; c'était une question fort sérieuse, eu égard à ses conséquences et à la gravité des intérêts qu'elles pouvaient compromettre : je vais en donner une idée. Vous avez été condamné sur la foi d'un ajournement qui ne vous fut jamais remis, et qui, si l'on s'en rapportait aux énonciations qu'il contient, aurait été laissé chez vous, soit à *un homme*, soit à *une femme*, sans autres désignations, ou bien à *un commis*, ou à *un domestique*. — Vous voulez vous inscrire en faux; il vous sera facile de prouver que l'huissier n'a vu, ni interpellé aucune personne de votre maison, que vous n'aviez ni commis ni domestiques, ou qu'ils étaient absens. Preuves inutiles! l'huissier sera sûr de l'impunité, car il ne s'est pas aventuré à dire, dans son rapport, que ces gens inconnus et trouvés sur le seuil de votre porte fussent à vous, ou que le domestique auquel il prétend avoir parlé fût le vôtre. Vous voyez maintenant que la nullité de l'exploit est le meilleur frein qui puisse réprimer ces cou-

pables combinaisons, parce qu'on ne s'expose
pas à les pratiquer quand il n'y a point de
succès à espérer; et si la nullité n'était pas
toujours imminente en pareil cas, j'avoue
que je ne sais plus où serait votre sauve-garde.

Cependant il a bien fallu prévoir que dans
l'absence de la personne qu'il s'agit d'assigner,
on pourrait ne trouver à son domicile, ni
parens, ni serviteurs, pour recevoir l'ajournement. Les lois romaines voulaient, en ce cas,
qu'on attachât le libelle à la porte de la maison : *est tamen tutiùs libellum ad ipsas ædes
proponere; fieri enim potest ut ita monitus
defensor existat* (1). Nos lois, dans leur premier âge, n'en exigaient pas davantage. Ensuite on adopta l'usage de montrer aux voisins
l'exploit qui venait d'être attaché, en leur
recommandant de le faire savoir à l'assigné.
De tout temps, le voisinage a été considéré
comme une sorte d'affinité; Térence mettait au
même rang les rapports de deux voisins entre
eux, et le commerce de deux amis :

> *Vicinitus,*
> *Quod ego in propinquá parte amicitiæ puto,*
> *Facit ut te audacter moneam et familiariter* (2).

L'ordonnance de 1667 ajouta l'obligation

(1) *L.* 4, § 6, *ff. de damno infecto.*
(2) *Heautontimorumenos, act.* 1, *scen.* 1, *vers* 4.

de faire signer l'exploit par le plus proche Art.
voisin, et, en cas que celui-ci ne pût ou ne
voulût signer, de faire intervenir le juge du
lieu, ou le plus ancien praticien, pour y ap-
poser son paraphe. Rodier nous apprend que
fort rarement, en pareille circonstance, l'ajournement arrivait à sa destination ; que les
huissiers se contentaient de certifier qu'ils
avaient attaché l'exploit à la porte, après
avoir averti le plus proche voisin , lequel
n'avait voulu signer ni dire son nom, quoique
de tout cela ils n'eussent rien fait; et qu'ils
dédaignaient même de se munir du paraphe
du juge ou du praticien. « De sorte, ajoutait
notre auteur, qu'il était fort aisé à une partie
malintentionnée de parvenir à avoir un
exploit signifié, sans que l'autre en sçût
rien. »

Cette manière d'affiche à la porte n'était
donc, à vrai dire, qu'une formalité tout
illusoire. Le Code ne l'a point conservée.

« Si l'huissier ne trouve au domicile, ni la 66.
partie, ni aucun de ses parens ou serviteurs,
il remettra de suite la copie à un voisin qui
signera l'original; si ce voisin ne peut ou ne
veut signer, l'huissier remettra la copie au
maire ou adjoint de la commune, qui

Art visera l'original sans frais: L'huissier fera mention *du tout* tant sur l'original que sur la copie: »

70. Ces dispositions sont prescrites à peine de nullité; elles indiquent *graduellement* à l'officier ministériel la marche qu'il doit suivre, pour offrir à la justice le meilleur résultat possible.

Le voisin peut refuser de prendre et de signer l'exploit, parce que c'est un office de bienveillance qui lui est demandé; le maire ne le peut pas, parce que c'est un devoir qui lui est imposé.

A quelle distance cette dénomination de *voisin* va-t-elle s'effacer et se perdre?

Il serait trop ridicule d'appliquer à la remise des exploits tout ce que les auteurs ont écrit sur le voisinage. Suivant les uns, il s'étendrait jusqu'au point où la voix de celui qui appelle peut encore se faire entendre : *illi dicuntur vicini qui vocem acclamantis audire potuerunt* (1). Suivant les autres, on regarderait comme voisines toutes les habitations qui peuvent être frappées du son de la même

(1) Bartolle.

cloche : *distantia atque vicinitas consideran-*
tur non ratione itineris, sed in aere (1). Tout
cela ne pouvait concerner que les cas d'*aide*
et de secours, et la responsabilité civile qui y
était attachée (2). Mais on conçoit sans peine
que, lorsqu'il s'agit de la remise d'un exploit,
c'est au plus proche voisin que l'huissier doit
proposer de le prendre et de s'en charger.
S'il y a refus, il peut frapper à telle autre
porte, dont la proximité offre l'aspect ordinaire du voisinage, et l'idée de ses relations
naturelles. Au surplus, toutes les questions
de convenance et de bonne foi que les localités peuvent faire naître à ce sujet, sont
abandonnées à la sagesse des tribunaux.

En signant l'original de l'ajournement, le
voisin qui reçoit la copie s'engage à la faire

---

(1) Alexand., *consil.* 22. Voyez le traité du Voisinage, par M. Fournel, t. 1, p. 7 et 12.

(2) L'art. 89 de la coutume de Bretagne portait :
« Quand on lève gros bois d'une maison, chacun voisin, qui est requis, y doit aller aider. » Et l'art. 90 :
« Aussi quand on crie au feu ou au meurtre, chacun
voisin est tenu d'y aller sans espoir de salaire. »

Voyez la loi du 10 vendémiaire an 4, sur la responsabilité des communes à raison des attentats commis
sur leur territoire.

ART. parvenir à sa destination. Il n'est donc pas permis de la laisser à celui qui ne sait, ou qui ne peut, ou qui ne veut signer.

L'huissier n'est autorisé à porter l'exploit au maire ou à l'adjoint, qu'après *avoir fait mention* de l'impossibilité où il s'est trouvé de le déposer chez un voisin, soit parce qu'il n'y en avait pas dans la distance convenable, soit parce que ceux auxquels il a parlé, et *qu'il doit désigner*, n'étaient pas aptes ou disposés à le recevoir.

59. La loi dit : « Si l'huissier ne trouve au domicile ni la partie, ni aucuns de ses parens ou serviteurs, il remettra de suite la copie à un voisin.... » Notez qu'elle ne répète point ici : *ou à un parent, ou à un domestique de ce voisin*. Cependant le rédacteur du Journal des Avoués croit que les parens et serviteurs du voisin n'étant pas expressément exclus, il est permis de leur laisser la copie de l'ajournement, comme à ceux de la partie, pourvu qu'ils apposent leur signature sur l'original. Cette opinion ne doit pas être suivie. La remise au voisin est une exception à la règle générale qui veut que *les exploits soient faits à personne ou domicile*, et tout le monde sait qu'il faut rigoureusement restreindre les

exceptions dans leurs termes. Il est évident, Art.
d'ailleurs, que les parens et les domestiques
du voisin ne peuvent offrir, ni la garantie de
soins et d'intérêt que fait présumer un échange
habituel de services entre les chefs de deux
maisons, ni la responsabilité qu'entraînent
l'acceptation de l'exploit et l'engagement de le
transmettre. Pour écarter cette dernière considération qu'il a prévue, l'auteur que je viens
de citer dit que, dans tous les cas, *le voisin
sera responsable pour lui et pour ceux dont il
doit répondre, et qu'ainsi la même garantie
existera pour l'assigné* (1). Il y aurait là de
quoi effrayer les maîtres de maison ; fort heureusement, le Code civil ne les a déclarés responsables que du dommage causé par leurs
domestiques et préposés, *dans les fonctions
auxquelles ils les ont employés* (2), et ce

(1) Journal des Avoués, nouv. édit., t. 13, p. 48.
(2) Code civ., art. 1384. Ni cet article, ni celui qui
le précède, ne rendent le mari responsable du dommage causé par la femme. Cette responsabilité n'a
lieu que pour les délits ruraux, parce que alors elle
entre dans l'exception établie par l'art. 7 du tit. 2 de
la loi du 28 septembre 1791. Voyez les Quest. de Droit
de M. Merlin, t. 6, p. 532.

ART. serait, à mon avis, rare merveille que
des commis ou des domestiques gagés tout
exprès pour recevoir les assignations du voisinage.

« Les significations aux personnes qui ont
leur résidence habituelle dans les palais, châ-
teaux, maisons royales et leurs dépendances,
sont faites en parlant aux suisses ou concier-
ges, auxquels il est enjoint de les remettre
incontinent à ceux qu'elles concernent (1). »

J'ai dit que l'on distinguait le domicile réel
et le domicile élu : je vais m'occuper de ce
dernier.

Le domicile d'élection est le domicile spécial
qu'une partie se constitue *volontairement*, soit
pour l'exécution d'un contrat, soit pour la
poursuite d'une instance. C'est encore celui
qu'elle est *tenue* de se constituer, pour certains actes de procédure à la validité desquels
la loi attache cette condition.

Je parlerai de ce genre particulier de domicile dont l'élection est obligée, à mesure
que j'arriverai aux articles du Code qui l'exigent. Le titre des ajournemens ne m'offre de

_____

(1) Ordonn. du roi du 20 août 1817, art. 1ᵉʳ.

rapports qu'avec l'élection conventionnelle. **Art.**

Vous demeurez à Poitiers et vous contractez avec une personne dont le domicile est à Paris ; prévoyant qu'il pourra s'élever des contestations sur l'exécution du contrat, et voulant éviter l'embarras d'assigner et de plaider à Paris, vous exigez que cette personne élise un domicile à Poitiers. Voilà l'élection conventionnelle.

Elle renferme un consentement réciproque des parties à être traitées, en tout pour l'exécution de l'acte, comme si elles demeuraient réellement au lieu convenu. Son effet est de rendre valables toutes significations, demandes et poursuites qui y seront faites, et d'en attribuer le jugement au tribunal dans le ressort duquel il se trouve situé.

L'élection conventionnelle ne peut être révoquée que par le concours de tous les contractans, parce qu'elle est une des clauses constitutives du contrat (1). Toutefois, si elle a

(1) Il ne faut pas en conclure qu'il soit interdit à l'une des parties de transporter son domicile d'élection d'une maison dans une autre, lorsque la nouvelle maison indiquée est située dans la même commune. Arrêt de cassation du 19 janvier 1814. Dalloz, nouv. collect., t. 6, p. 391.

Art. été convenue en faveur du créancier seulement, celui-ci sera libre d'y renoncer, d'assigner et de poursuivre au domicile réel du débiteur, car chacun est maître de ne pas user du privilége établi en sa faveur.

Le domicile de convention subsiste, nonobstant le décès de la personne chez laquelle il avait été élu. De même l'élection avec tous ses effets se transmet, tant activement que passivement, aux héritiers et aux représentans des parties qui l'ont stipulée. Et cela est vrai, lors même qu'ayant élu domicile dans leur propre demeure, pour l'exécution d'un acte, elles auraient depuis porté leur principal établissement et leur habitation en d'autres lieux.

Elire domicile hors de chez soi, c'est renoncer au droit d'être assigné et jugé chez soi. Or, la renonciation à un droit quelconque ne se présume jamais; par conséquent l'élection de domicile doit toujours être expresse. Aussi, en matière civile, la simple indication d'un lieu, pour le paiement d'une obligation, n'autoriserait-elle pas le créancier à y faire des poursuites et à distraire le débiteur de ses juges naturels.

Il a pourtant été décidé par la Cour de cassation, que le pouvoir donné à un mandataire d'élire domicile, avait autant de vertu contre le mandant, qu'une élection effective dans la demeure du mandataire, quoique celui-ci n'eût fait aucun usage du pouvoir. On cite un pareil arrêt comme on signalerait un écueil. M. Merlin qui le rapporte, se contente de dire pour tout commentaire : *legibus non exemplis judicandum* (1).

L'art. 23 de l'ordonnance de 1539 voulait que *tous plaidans et litigans* fussent tenus, au jour de la première comparution, de déclarer ou élire leur domicile dans le lieu où les procès seraient pendans, sous peine d'être repoussés comme non recevables, et déboutés de leurs demandes.

Ces dispositions ne furent point observées dans les tribunaux où le ministère des procureurs était nécessaire ; elles y seraient également inutiles aujourd'hui, puisque l'élection de domicile, durant le cours de l'instance, est de droit chez l'avoué constitué, à moins d'une élection contraire, laquelle est de pure faculté. Mais on ne manquait pas d'élire

(1) Répert., t. 16, p. 194 et 196.

ART.

456,

domicile au siége des juridictions où les causes s'expédiaient sans l'assistance des officiers ministériels : c'est ce qui se fait encore dans les tribunaux de commerce. Autrement, et l'affaire ne se jugeant pas à la première audience, l'éloignement du domicile réel des parties pourrait entraver les significations, produire des retards funestes, et rendre les incidens interminables. L'art. 15 du Code y a pourvu, en ce qui touche les justices de paix. Cela s'expliquera mieux dans les chapitres suivans.

L'élection tranfère fictivement le domicile réel au domicile élu, mais elle ne change rien à la manière d'assigner. Toutes les formalités prescrites pour la remise des exploits doivent être observées dans l'un comme dans l'autre (1).

Des cohéritiers, ou des cointéressés faisant cause commune, ont élu un domicile commun ; une seule copie de l'exploit remise à ce domicile suffira-t-elle pour tous ? Non, il faudra y laisser autant de co-

(1) Voyez l'arrêt de la Cour de cassation, rapporté au Répert. de Jurisp. de M. Merlin, 8 *ajournement*, n° 9.

pies qu'il y aura de parties. Cessant l'é-
lection de domicile, l'exploit n'eût-il pas dû
être porté séparément au domicile de chacune d'elles, pour que chacune d'elles fût
assignée? Leur migration fictive au domicile d'emprunt qu'elles ont désigné, ne dispense que de la peine d'aller frapper à leur
domicile réel. C'est ainsi que deux époux
obligés par le même acte à une même
dette, demeurant ensemble, mais *séparés de
biens*, doivent, si le créancier les poursnit,
recevoir au domicile conjugal chacun une
copie de l'exploit, parce que l'engagement qui
les lie solidairement ne laisse pas moins distincts et leurs intérêts et leurs droits (1).

On objecterait vainement qu'une seule copie suffit, comme je le dirai bientôt, lorsqu'on
assigne des créanciers unis, dans la personne

_____

(1) Si le mari et la femme sont en communauté,
une seule copie suffit. Voyez ci-dessus, page 10. Cependant il en faudrait une à l'un et à l'autre des
époux, même communs, s'il s'agissait d'un droit
qui leur serait individuellement accordé, tel, par
exemple, que celui de former opposition au mariage
de leurs enfans. Les assignations en mainlevée et
toutes autres significations devraient, en ce cas, être
faites par copies séparées, et délivrées à chacun d'eux.

de leur syndic, ou des commerçans associés, dans la personne de leur gérant. La différence est grande : le syndic, le gérant, représentent seuls ces êtres moraux que l'on appelle *l'union* ou la *société*; seuls ils doivent être assignés, *en leur qualité*, parce que seuls ils doivent paraître dans l'instance, et défendre la cause de leurs commettans qui s'effacent derrière eux.

En suivant toujours cette fiction qui transporte le domicile réel au domicile élu, on résoudra facilement la question de savoir s'il faut calculer le délai pour comparaître sur une assignation donnée au domicile élu, d'après la distance de ce domicile, ou d'après celle du domicile réel, au lieu où siége le tribunal? A mon avis, quiconque s'est soumis à être réputé habitant du lieu où il a élu un domicile, ne peut réclamer, pour tout ce qui concerne l'objet de l'élection, que le délai marqué par la distance de ce lieu au prétoire des magistrats dont il a en même temps accepté la juridiction. La facilité de l'assignation, l'accourcissement des délais, en cas de litige, forment le plus souvent tout l'intérêt d'une clause d'élection de domicile. Cette solution ne contrarie point la lettre de la loi, et elle entre parfaitement dans son esprit. **Art.**

Observez que l'exploit signifié à un domicile élu n'en doit pas moins indiquer le domicile réel du défendeur. On n'admet plus de fictions lorsqu'il s'agit de la désignation de la personne assignée (1).

Il a fallu créer des domiciles spéciaux à certaines parties, et y placer des représentans auxquels il fût possible de s'adresser, pour la délivrance des exploits.   69.

Ainsi l'assignation donnée à l'État, lorsqu'il s'agit de domaines et droits domaniaux, est remise à la personne ou au domicile du préfet du département dans lequel siége le tribunal 69.§1. qui doit connaître de l'affaire en première instance (2). On entend ici par le domicile du préfet, non celui qu'il aurait comme particulier, mais son domicile de dignité.

(1) On trouvera d'autres questions touchant l'élection de domicile volontaire ou forcé, pour la signification de certains actes de procédure, dans les chapitres où je parlerai de ces actes.

(2) Par exemple, lorsqu'on réclame comme patrimonial un domaine que possède l'État; ou si quelque héritier revendique une succession dont l'État s'est emparé à titre de déshérence.

ART. Les assignations au trésor public sont lais-
69.§2. sées à la personne ou au bureau de l'agent;
celles aux administrations ou établissemens
publics sont remises en leurs bureaux, lors-
69.§3. qu'elles sont faites au siége principal de l'administration ou de l'établissement, et dans les
autres lieux, à la personne ou au bureau de
leur préposé.

69.§5. Les communes sont assignées en la personne ou au domicile de leur maire. A Paris,
c'est à la personne ou au domicile du préfet,
parce que la ville est divisée en plusieurs
mairies.

Dans tous ces cas, l'original de l'exploit est
69. visé par le fonctionnaire qui le reçoit. Est-il
absent? refuse-t-il? l'apposition du visa se fait
soit par le juge de paix, soit par le procureur
du Roi, auquel il faut alors laisser la copie.

Je placerai ici une remarque importante:
l'assignation donnée à une commune doit être
laissée au maire et visée par lui, et la loi ne dit
point qu'en cas d'absence ou de refus, l'huissier s'adressera à l'adjoint, mais: *soit au juge
de paix, soit au procureur du Roi*. La Cour
de cassation a constamment annulé les exploits reçus et visés par l'adjoint. Des Cours
royales se sont élevées contre cette doctrine, et

quelques auteurs déclarent qu'ils ne sauraient donner de raisons pour l'expliquer (1). Je crois que c'est à tort; ces raisons se trouvent dans les règles qui concernent l'organisation des communes, et les attributions des corps municipaux.

Le maire administre seul, et représente seul la commune; il consulte ses adjoints, quand il le juge à propos, et il a la faculté de leur déléguer, au besoin, une partie du pouvoir municipal (2). Mais un adjoint ne peut remplacer le maire, par la seule vertu de son titre, à moins que la loi elle-même ne l'y autorise pour quelques actes spéciaux, comme dans l'article 68, par exemple. Et vous remarquerez que, dans cet article et autres semblables, il ne s'agit point d'une assignation signifiée à la commune.

Ajoutez que tout ce qui concerne les procès à intenter ou à soutenir, pour l'exercice et la conservation des droits de la commune, se rattache essentiellement aux attributions du conseil municipal, qui seul peut en délibérer (3).

(1) Collect. nouv. de M. Dalloz, t. 7, p. 820.

(2) Loi du 28 pluviôse an VIII, art. 13, et Arrêté du gouvernement du 2 pluviôse an IX, art. 7.

(3) Loi du 28 pluviôse an VIII, art. 15.

ART. Toutefois, comme il serait trop difficile et trop
dispendieux d'assigner tout un conseil municipal, le maire, qui le préside, a reçu la mission
de le représenter, pour faire donner ou pour
recevoir des assignations. Or les adjoints ne
font pas partie du conseil municipal, ils n'y ont
pas même droit d'entrée (1); sous cet autre
aspect, ils n'ont ni titre ni prétexte pour se
faire considérer comme ses mandataires, et
par conséquent aucune capacité pour prendre
et pour viser les exploits signifiés à la commune.

L'adjoint remplace bien le maire au conseil municipal, quand il n'y a pas de maire,
ou quand le maire ne peut exercer ses fonctions, mais alors il est considéré comme le maire
lui-même.

On a vu ci-dessus (2) que les communes
et tous les établissemens publics devaient,
avant de former une demande en justice, se
faire autoriser. L'autorisation leur est également indispensable pour soutenir les procès qui
leur sont intentés. La nullité que produirait le
défaut de cette formalité est d'ordre public,

(1) Arrêté du 2 pluviôse an IX.
(2) Page 137.

elle peut être proposée en tout état de Art.
cause (1).

Le créancier qui veut plaider contre une commune (2), est donc obligé de présenter une requête au conseil de préfecture, afin d'obtenir, pour lui, l'autorisation d'assigner, et pour la commune, celle de comparaître et de se défendre (3).

Un avis donné par le Conseil d'État, le 8 juillet 1806, a fait là-dessus une distinction importante. Voici ses termes : « Les demandeurs qui se proposent d'intenter contre les communes des actions chirographaires ou hypothécaires, sont, aux termes de l'arrêté du 17 vendémiaire an X, tenus de prendre l'autorisation du conseil de préfecture; mais quand il s'agit de former, soit au pétitoire, soit au possessoire, une action à raison d'un

(1) Sirey. T. 5—1—246,
T. 11—1—121,
T. 13—1—125,
T. 27—1—55.

(2) Les mêmes règles s'appliquent aux hospices et fabriques, etc.

(3) Édit du mois d'août 1785; Loi du 14 décembre 1789; Arrêté du 17 vendémiaire an X.

Art. droit de propriété, il n'y a pas lieu à demander ladité autorisation (1). »

Il résulte bien de cet avis que les demandeurs n'ont pas besoin de se faire autoriser, en matière réelle, pour agir contre les communes. Cependant il serait dangereux d'en conclure que les communes ne doivent point, *en toutes matières*, être autorisées pour se défendre; car les art. 54 et 56 de la loi du 14 décembre 1789 ne sont pas abrogés.

Je reviendrai plus tard aux questions dont on a surchargé cette partie de la jurisprudence. Je me contenterai de faire observer ici que l'autorisation dont le créancier doit se munir, avant d'assiguer, n'a pour objet que de mettre l'administration en mesure d'empêcher la commune de soutenir un procès injuste et onéreux, et d'y couper court, en avisant aux moyens de faire payer la somme réclamée (2). Mais ce n'est pas à

---

(1) Voyez aussi un décret du 21 mars 1809, au tome 6 des Quest. de droit de M. Merlin, pag. 72.

(2) Dans ce cas, le conseil de préfecture renvoie le demandeur devant le préfet, pour qu'il ordonne le paiement, parce que c'est le préfet qui règle les budgets des communes.

dire pour cela que le conseil de préfecture
puisse refuser l'autorisation au créancier, sous
le prétexte que son action serait mal fondée.
La compétence administrative ne va point
jusque-là (1).

Ceci peut servir à expliquer la raison
du principe qui veut que le demandeur
se fasse autoriser, pour réclamer en justice
le paiement d'une créance contre une commune, et qui l'en dispense pour la revendi-
cation d'un immeuble.

C'est qu'il faut toujours que l'administration
intervienne, pour le paiement d'une créance,
soit qu'il y ait procès et jugement, soit qu'il n'y
en ait point, parce que les communes n'ont que
la disposition des sommes qui leur sont allouées
par leur budget, parce qu'elles ne peuvent
de leur propre autorité se faire des ressources,
et changer l'ordre des allocations. En matière
réelle, au contraire, il n'y a rien d'admi-
nistratif, tout appartient à la compétence judiciaire, et le demandeur va droit aux tribunaux. Le conseil de préfecture a bien la faculté

(1) Voyez l'ordonn. du roi du 6 septembre 1820,
rapportée dans les lois de procéd. civile de M. Dupin,
pag. 722.

de s'opposer à ce que la commune s'aventure
dans une mauvaise cause; mais, en supposant
qu'il lui permette de plaider, et qu'elle soit
condamnée au délaissement de la propriété
ou de la possession, le jugement s'exécutera
par les voies ordinaires, sans que l'administration s'y vienne immiscer. Où seraient alors
les motifs pour entraver l'action du particulier contre la commune, et pour l'obliger à
se munir d'une autorisation préalable ?

Le Roi, pour ses domaines, devient le justiciable des juges qu'il a institués. C'est une
de nos vieilles traditions, « que l'on a justice
» et raison à l'encontre du Roi, aussi bien
» qu'à l'encontre des sujets, en matières civi-
» les (1). » Son privilége dans les tribunaux
n'est autre que celui *de plaider par procureur*,
parce qu'il serait messéant que le nom du
prince vînt se mêler aux débats de l'audience.

Les actions judiciaires, à la charge du Roi,
sont exercées, et les jugemens sont prononcés contre le ministre de sa maison, ou l'intendant par lui commis; mais les assigna-

(1) *De la Monarchie française,* par Claude Seyssel, pag. 14, édit. de 1540.

tions sont toujours données *en la personne* (1) du procureur du Roi de l'arrondissement. Nous pouvons adresser à nos princes ces paroles de Pline à Trajan : *dicitur actori atque etiam procuratori tuo :* IN JUS VENI, SEQUERE AD TRIBUNAL, *nam tribunal quoque excogitatum est par cæteris, nisi illud litigatoris amplitudine metiaris* (2).

L'article 14 de la loi du 8 octobre 1814 ajoute que les procureurs du Roi, dans les tribunaux, et les procureurs généraux, dans les Cours, seront tenus de défendre les causes du Roi. Cette disposition était bonne autrefois, parce qu'on ne faisait pas de distinction entre le domaine du Roi et le domaine de l'État; ils se confondaient l'un dans l'autre; et comme le ministère public exerçait seul les actions du domaine, en général, lui seul devait nécessairement les défendre. Mais aujourd'hui qu'il est étranger à la conception et aux préliminaires des procès concernant les domaines privés du Roi, l'obligation qui lui est imposée

---

(1) La loi ne dit pas : *ou au domicile*; c'est à la personne du procureur du Roi que l'exploit doit être remis.

(2) *Panegyr.* 36.

Art. de les plaider et de les défendre, peut-elle bien se concilier avec l'impartialité de ses belles fonctions, dans l'administration de la justice (1)? La critique a été plus loin encore : on a demandé comment cette obligation serait remplie, dans les juridictions où il n'y a pas de ministère public; dans les justices de paix, pour les actions possessoires, et dans les tribunaux de commerce, pour les actions à exercer contre les souscripteurs des traites qui peuvent être fournies en paiement des achats de bois de la couronne (2)? Ces difficultés ont été senties; il a été reconnu que les termes de la loi laissaient aux agens du prince la faculté d'employer, dans ses causes, le ministère d'un avoué et d'un avocat. C'est ce qu'on a fait, et le Code n'y est point contraire. Il fut observé, en discutant au Conseil d'Etat cette partie de l'article 69 : *le Roi sera assigné pour ses domaines en la personne du procureur du Roi*, qu'il pourrait arriver que le souverain voulût être défendu par un avocat;

(1) Voyez mon premier vol., chap. 18, p. 548.

(2) Voyez au Répert. de M. Favard, l'art. *Liste civile*, par M. Quéquet, conseiller à la Cour de cassation.

le rapporteur répondit que l'article ne con— ART.
cernait que l'assignation.

Tant qu'une société existe, tous les associés
sont réputés habitans du lieu où elle est établie; c'est là qu'elle doit être assignée. S'il n'y 69.§6.
a pas de maison sociale, l'assignation est donnée en la personne ou au domicile de l'un des
associés (1).

Les unions et directions de créanciers sont
assignées en la personne ou au domicile de 69.§7.
l'un des syndics ou directeurs.

Les personnes qui n'ont aucun domicile 69.§8.
connu en France, sont assignées à leur résidence actuelle.

Pour celles dont la résidence n'apparaît
nulle part, l'exploit doit être affiché à la
principale porte de l'auditoire du tribunal où
la demande est portée, et l'huissier en donne 69.§8.
une seconde copie au procureur du Roi,
lequel vise l'original.

Les assignations aux habitans du territoire
français, hors du continent, et à ceux établis
chez l'étranger, sont données au domicile du 69.§9.
procureur du Roi, près le tribunal indiqué

(1) Voyez ci-dessus, p. 133.

Aʀт. par l'exploit. Ce magistrat vise toujours l'original, et la loi le charge d'envoyer la copie qu'il reçoit, pour les premiers, au ministère de la marine, et pour les seconds, au ministre des affaires étrangères.

Le Code ne parle point *expressément* des assignations à donner *aux étrangers*. Cependant ils peuvent être justiciables de nos tribunaux, soit en matière réelle pour leurs immeubles situés en France (1), soit en matière personnelle, pour l'exécution des obligations contractées avec un Français, en France, ou en pays étranger (2). Mais il y a une analogie si parfaite, quant à la remise de l'exploit, entre l'étranger et l'individu établi chez l'étranger, qu'il est impossible de supposer que la pensée du législateur, mal exprimée sans doute, n'ait pas compris l'un et l'autre dans la même disposition (3).

(1) Cod. civ., art. 3.

(2) Cod. civ., art. 14. Il y a exception pour les Suisses, par le traité d'alliance du 24 vendémiaire an XII.

(3) Si on ne l'entendait pas ainsi, il faudrait assigner l'étranger conformément à l'ordonnance de 1667, c'est-à-dire au domicile du procureur général de la Cour dans le ressort de laquelle la cause

Le défaut de visa qui doit être apposé sur Art.
l'original de l'ajournement, par le fonctionnaire qui reçoit la copie, rend l'exploit
nul. Il n'est pas besoin d'avertir que cette rigueur ne s'appliquerait point au cas où l'officier
du ministère public aurait négligé d'envoyer au 70.
ministre de la marine, ou à celui des affaires étrangères, l'assignation destinée à un
habitant des colonies ou des pays étrangers.
Comment pourrait-on rendre les parties responsables de la faute du magistrat, de qui
seul dépendait l'accomplissement de la formalité prescrite?

Les soupçonneuses précautions du législateur, pour assurer la remise des exploits, ont
dû surtout le tenir en garde contre les embûches de la nuit.

« Aucune signification ne peut être faite,
depuis le premier octobre jusqu'au trente 1037.
et un mars, avant six heures du matin et
après six heures du soir, et depuis le premier avril jusqu'au trente septembre, avant

---

devrait être jugée. L'ordonnance n'exigeait ni le visa,
ni l'envoi de l'exploit au ministère des affaires
étrangères.

ART. quatre heures du matin et après neuf heures du soir. » On retrouve ici, sauf la majesté de l'expression, ce beau débris de la loi des douze tables : *sol occasus suprema tempestas esto* (1). La justice s'interdit à elle-même l'entrée du domicile des citoyens pendant les heures que la nature a consacrées au repos. « Ce mot *ajournement* vient de *in diem dictio, quasi in solem,* dit Bornier; c'est pour cela que, comme il a le soleil pour terme et pour témoin, il ne se peut pas faire de nuit,

63. et dans l'obscurité des ténèbres (2). »

La loi veut aussi « qu'aucun exploit ne puisse être donné les jours de fêtes légales, si

1037. ce n'est en vertu de la permission du président du tribunal, dans le cas où il y aurait péril en la demeure. »

Les constitutions des Empereurs avaient fait du dimanche un jour de trève pour les plaideurs : *taceat apparitio, advocatio delitescat... præconis horrida vox silescat, respi-*

---

(1) Des barbares voulaient qu'on lût : *sole occaso.* Aulu-Gelle leur répondit : *sole occaso non in suavi venustate est, si quis aurem habeat non sordidam nec proculcatam. Lib.* 17, *cap.* 2.

(2) Sur l'art. 1ᵉʳ du titre 2 de l'ordonn.

rent à controversiis litigantes, et habeant fœ- Art.
deris intervallum (1).

Sous les deux premières races de nos rois,
on battait de verges ceux qui se permettaient
de donner des assignations, et de faire des
actes judiciaires les jours de fêtes (2). Mais, du
temps de Beaumanoir, ces lois n'étaient plus
observées que dans les tribunaux ecclésiastiques. « En la Cour de chrétienté, l'en ne
semond pas en jour de fête... Chette coustume
ne tenons nous pas en Cour laye. » Cependant
l'auteur ajoute que ce doit être *entendu pour
bien*. et voici comment : les roturiers étant
ajournés le matin pour comparaître le soir,
on faisait le même jour l'assignation et le jugement ; « adoncques grief seroit advenu à povres hommes qui avoient à plaider pour petite
querelle, si l'en eut démené les plaids aux
jours ès quels ils doivent gaigner leur pain, et
fère leurs labourages. Et qui pour chette
cause fesoit semonce en jour de fêtes, et

(1) L. 11, § 1, cod. *de feriis.*
(2) Voyez la loi des Visg. , liv. 2, tit. 1, chap. 11,
et le capitul. de Charlemagne de l'année 789,
chap. 18. Baluze, t. 1, p. 253.

ART. tenoit ses plaids, la cause estoit bonne (1). »
Par la suite, la voie étant ouverte, on prit
l'accoutumance d'y entrer, et bientôt il ne
fut plus question de savoir *si la cause était
bonne,* pour assigner en jour de fête. L'usage
fut trouvé commode, parce qu'il était plus
aisé de rencontrer, ces jours-là, les gens auxquels on avait des significations à faire (2). On
perdit de vue le principe, les conséquences
se mirent à sa place, et l'opinion presque
générale dans le royaume, fut que les
ajournemens étaient bons et valables, nonobstant qu'ils eussent été faits en jour férié,
sans permission de juge.

En 1722, les religieux bénédictins de Ber-
nay, en Normandie, firent signifier au curé
de la même ville une assignation qui lui fut
donnée le jour de Pâques, au sortir de son
église. Le clergé en fut grandement ému, et
adressa des représentations au roi et à son conseil. L'affaire eut beaucoup d'éclat, l'exploit fut
déclaré nul, et l'huissier interdit pour six
mois, avec défenses de récidiver, sous plus
grandes peines.

(1) Chap. 3, p. 22. Voilà le type de l'art. 8 du
Code de proc., au livre des justices de paix.
(2) Fontanon sur Mazuer, tit. 1, n° 11.

Depuis cette époque, les arrêts du parle- ment de Paris, et les auteurs de son ressort avaient progressivement penché vers le système de la prohibition. Le Code l'a adopté.

Mais aujourd'hui ce système porte-t-il avec soi la peine de nullité?

L'affirmative ne résulte pas nécessairement des termes *prohibitifs* dans lesquels sont conçus les articles 63 et 1037; car ils ne prononcent pas la nullité, et l'article 1030 défend alors de l'appliquer. La peine de la contravention tomberait tout entière sur l'huissier, qui s'est exposé à une amende de cinq francs au moins, et de cent francs au plus.

On peut considérer, d'un autre côté, que les règles établies comme conditions de l'exercice d'un pouvoir, sont constitutives de ce pouvoir, et que leur violation emporte nullité de *plein droit* (1). Or la loi disant qu'aucune signification ne pourra être faite les jours de fête légale, l'huissier, en exploitant, ne commet-il pas un excès de pouvoir, puisque, durant ces jours, la loi suspend le pouvoir qu'elle lui a conféré, sauf les cas d'urgence pour lesquels le juge

(1) Voyez ci-après le chap. 9 des exceptions.

peut lui permettre d'en reprendre l'exercice? Autre considération : la défense d'exploiter aux jours de fête n'a pas eu pour objet l'intérêt des parties; son motif vient de plus haut. C'est un hommage rendu à la religion de l'État, c'est une disposition d'ordre public. Ici encore la nullité n'a pas besoin d'être textuellement prononcée. Si l'on objectait que l'huissier sera condamné à l'amende, et qu'il y aura double peine, je répondrais que, dans ce cas, l'amende infligée à l'huissier, pour avoir méprisé l'autorité du juge sans laquelle il ne lui était pas permis d'instrumenter, peut, à bon droit, concourir avec la nullité de l'acte. Cette opinion me semble préférable.

J'y trouve la raison de donner une solution différente pour les exploits signifiés aux heures de nuit, parce que la disposition de la loi, à cet égard, ne concerne que l'intérêt de la personne assignée, qui peut refuser d'ouvrir sa porte et de recevoir l'exploit. Si cette personne le prend, je crois qu'elle ne sera plus recevable à venir en demander la nullité; ce qui n'empêchera point que l'huissier ne soit amendable, à cause de sa contravention.

On répétait autrefois au palais ce vieux

brocard : *à mal exploiter point de garant* ; ART.
mais la justice ne s'y arrêtait pas toujours.
En vain disait-on que les plaideurs se devaient
imputer à eux-mêmes, lorsqu'ils avaient à
souffrir de quelque nullité, de n'avoir pas
choisi un huissier plus habile et mieux ex-
périmenté dans sa charge ; le bon sens ré-
pondait qu'il était impossible de faire subir
examen à un officier ministériel, avant de l'employer ; qu'il suffisait de le voir en possession
de son office, et de connaître son caractère
légal, pour qu'on dût lui supposer la capacité de signifier valablement une assignation.

Le Code a levé tous les doutes. Il condamne
l'huissier à supporter seul les frais d'un ex- 1031,
ploit déclaré nul *par son fait* (1), sans préjudice des dommages et intérêts qu'il peut
encourir, suivant les circonstances, c'est-à-
dire, dans le cas d'une déchéance ou d'une
prescription que la nullité aurait laissée venir
à terme.

L'huissier est tenu de faire enregistrer l'o-

(1) On sent bien que si la nullité provenait du fait de
la partie, d'une fausse indication, par exemple, qu'elle
aurait donnée à l'huissier, sur le domicile de la personne assignée, il ne devrait pas en être responsable.

riginal de l'exploit, soit au bureau de sa résidence, soit au bureau du lieu où il a instrumenté, dans les quatre jours à partir de la date (1). Cette expression, *dans les quatre jours*, indique que le jour où l'acte a été fait est seul excepté du délai, et que celui de l'échéance y est compris. Ainsi un exploit signifié le 1er octobre doit être enregistré le 5, au plus tard.

Un exploit non enregistré est nul, et l'huissier est responsable de la nullité envers la partie (2).

L'enregistrement, ou le contrôle, comme on disait autrefois, n'appartient point à la substance de l'acte. Le but de cette formalité est de rendre sa date plus certaine; elle a remplacé, pour les exploits, l'assistance des recors (3).

L'extrait de l'enregistrement peut-il suppléer à la représentation de l'original d'un exploit? Je n'ai jamais conçu que cette question ait sérieusement été agitée. L'accomplissement des formalités prescrites ne peut se

(1) Lois du 19 décembre 1790, art. 8, et 22 frimaire an VII, art. 20.

(2) Loi du 22 frimaire an VII, art. 34.

(3) Voyez ci-dessus, pag. 95 et 96.

vérifier que par l'acte lui-même, *non extrin-*
secùs. L'enregistrement constate bien qu'un
exploit a été enregistré, mais il ne prouve pas
que cet exploit a été régulièrement rédigé et
signifié.

L'exploit fait foi en justice, jusqu'à inscription
de faux, des faits que l'huissier y a constatés.
Cela doit s'entendre uniquement *des faits de
son ministère,* comme de son transport, du *parlant à,* du refus qu'un voisin aura fait de signer,
de tout ce qui tient à la remise matérielle de
l'acte; et non pas des opinions particulières
qu'il a exprimées, et des conséquences qu'il a
déduites de ce qu'il a vu ou entendu. Par
exemple : l'huissier trouve au domicile de
la personne qu'il vient assigner, un individu
qu'il y voit travailler; il en conclut que c'est
un associé de cette personne, et il l'écrit dans
son exploit. Foi ne lui sera pas due relativement à cette conjecture, parce qu'il n'a pas
été institué pour conjecturer, mais pour certifier des faits.

La première rédaction de l'art. 61 du Code
portait : « L'ajournement contiendra les noms
et demeure du défendeur, et *ses réponses.* »
Cette disposition fut retranchée. Une réponse

ART. improvisée, à la réception d'un exploit, est souvent dangereuse, parce qu'elle peut être sur-
prise, mal réfléchie, mal saisie, mal rendue;
elle est toujours inutile, lorsque ce n'est ni un
commandement, ni une sommation, mais une
simple assignation que l'huissier apporte. Il
ne doit ni la solliciter, ni l'écrire.

L'ajournement produit plusieurs effets. Le
principal est d'obliger les parties de comparaître, l'une pour présenter sa demande, et
l'autre pour y répondre.

Le défendeur n'est pas dispensé de se présenter, sous le prétexte de l'incompétence du
tribunal devant lequel il a été assigné; il faut
qu'il vienne pour demander son renvoi, *ut
hoc ipsum sciatur, an jurisdictio ejus sit* (1),
car c'est toujours au juge qu'il appartient de
prononcer sur sa compétence : *si quis ex
alienâ jurisdictione ad prætorem vocetur, debet
venire, prætoris enim est æstimare an sua sit
jurisdictio* (2).

L'ajournement tient en suspens les poursuites du demandeur, pendant la durée du
délai fixé pour la comparution : *citato acqui-*

(1) L. 2, ff. *si quis in jus vocatus*, etc.
(2) L. 5, ff. *de judiciis*.

ritur jus ; ut pendente termino præfixo ad Art. *comparendum , per ipsum tempus expectari debeat* (1).

Il détermine la valeur de la demande et le taux du premier ou du dernier ressort (2).

Il fait courir les intérêts (3).

Il fait cesser la bonne foi du possesseur, qui pouvait ne pas connaître les vices de son titre (4).

Il interrompt la prescription (5).

Ce chapitre est fort long; mon excuse sera dans la nature du sujet.

L'ajournement est le pivot sur lequel tourne , pour ainsi dire , l'axe du procès. C'est au titre de l'ajournement que se trouvent le détail des formalités dont se composent tous les exploits en général (6), et le type de

---

(1) Rebuffe , *Tract. de citat.* , *in præfat.*, nᵃ 126.

(2) Voyez mon premier vol., chap. 13, p. 327 et suiv.

(3) Cod. civ., art. 1153 , 1154 , 1155 , 1207, 1479, 1682 , 1904.

(4) Cod. civ., art. 549 et 550.

(5) Cod. civ. , art. 2244.

(6) Il y a des formalités particulières à certains exploits. Par exemple, l'indication du délai pour

Art. ces garanties données pour protéger la destination, et pour assurer la remise de toutes les significations juridiques.

Je puis marcher maintenant, sans que je sois obligé de m'arrêter et de disserter à chaque pas, quand viendront se mettre sous ma plume les mots de *significations,* de *notifications,* de *dénonciations,* de *sommations,* et tous ces termes dont on se sert pour exprimer des actes de procédure qui se font par exploit.

C'est ainsi qu'après avoir parlé, dans mon introduction, des différentes espèces d'actions, je me trouve dispensé d'y revenir, pour dire devant quel tribunal chacune d'elles doit être portée.

Tout le monde connaît la maxime : *actor sequitur forum rei;* deux mots suffiront pour faire voir comment elle se combine avec la division des actions.

59. L'action personnelle est adhérente à la personne; il est tout naturel qu'elle soit exercée

---

comparaître, et du tribunal qui doit juger, ne doit se trouver que dans les exploits qui contiennent *assignation;* et il n'y a point d'avoué à constituer, dans l'ajournement, devant une juridiction qui n'admet pas le ministère des avoués.

devant les juges du domicile de la personne, Art.
ou devant le tribunal de sa résidence, si
elle n'a pas de domicile.

Les meubles n'ont pas de situation fixe,
ils suivent celui qui les détient; l'action
réelle-mobilière est donc également portée
devant le tribunal du domicile du défendeur.

S'il y a plusieurs défendeurs, l'unité de
l'instance exige qu'ils soient tous assignés devant les juges du domicile de l'un d'eux, au 59 §2.
choix du demandeur.

Par l'action réelle-immobilière, ce n'est
plus une personne que l'on poursuit; c'est
une chose, ou un droit réel sur cette chose,
que l'on revendique et que l'on va chercher
au lieu où elle est assise : *res non persona
convenitur*. Le possesseur, quel qu'il soit, n'est
appellé que pour servir de contradicteur, et
l'assignation lui sera toujours donnée devant
le tribunal de la situation de l'objet litigieux : 59.§3.
in forum rei sitæ (1).

L'action mixte étant marquée du double
signe de l'action personnelle et de l'action
réelle-immobilière; on a encore le choix de
la porter devant le tribunal du domicile du

_____

(1) Voyez ci-dessus, pag. 26.

Aᴀᴛ. défendeur, comme une action dirigée contre la personne, ou devant le tribunal de la situation de l'objet litigieux, comme une 59.§4. action dirigée sur la chose.

Il suffit de se rappeler que le domicile d'une société, tant qu'elle existe, est au lieu de son établissement, pour dire quels juges devront connaître des contestations qui 59.§5. s'élèvent entre les associés, ou qui sont élevées par des tiers contre la société.

On sait aussi que le domicile d'une succession subsiste au lieu où elle s'est ouverte, jusqu'à ce qu'elle soit partagée. Ce domicile est indivis, comme les biens dont l'hérédité se compose : c'est à cette espèce de chef-lieu que se trouvent les registres, les titres, les papiers; c'est donc au tribunal du ressort qu'il faudra assigner, sur les demandes des héritiers eutre eux (1), sur les demandes des 59.§6. créanciers, et sur celles des légataires.

Mais il n'y a plus d'associés quand la société est dissoute; plus d'héritiers, plus de masse, quand la succession est divisée; l'être moral s'est évanoui; chacun jouit à part de ce qu'il

(1) Cod. civ., art. 822.

a recueilli; il le confond dans son patrimoine, ART.
et chacun alors doit être traduit devant ses
juges naturels (1).

Vous voyez toujours sous l'enveloppe transparente de ces fictions, la maxime : *actor se-*
quitur forum rei ; elle n'éprouve véritablement
ici ni exceptions ni dérogations, ce ne sont
que des modes divers de son application.

Est-ce une action réelle – immobilière
qu'un tiers veut intenter contre une société
ou contre une succession? Il traduira l'être
moral devant les juges de la situation de l'objet litigieux, comme s'il avait affaire à un
détenteur ordinaire.

Le Code dit qu'en matière de faillite, le 59.§7.
défendeur sera assigné devant les juges du
domicile du failli. Cette rédaction un peu
trop vague pourrait faire croire qu'elle
donne au tribunal de l'ouverture de la faillite, l'attribution de toutes les causes qui s'y
rattachent, soit qu'elles proviennent d'actions
dirigées contre les syndics, soit que les syndics eux-mêmes y figurent comme demandeurs. Si cette interprétation était la meilleure,
force serait bien d'y reconnaître une ex-

(1) Voyez ci-dessus, pag. 26 et 27.

ception à la règle : *actor sequitur forum rei.*

Mais je ne pense pas que la loi doive être entendue dans ce sens : il est toujours dangereux de supposer des exceptions qui détruisent l'unité de la règle, et qui font perdre sa trace. Quand l'ouverture d'une faillite est déclarée, il faut un domicile à cette masse d'intérêts que représentent les syndics, comme il a fallu en faire un pour la masse indivise d'une succession. C'est au domicile du défunt que la succession habite; de même, c'est au domicile du failli que vous trouverez la faillite; et si vous avez des droits à exercer contre elle, vous n'assignerez point les syndics devant le tribunal de leur propre domicile, mais devant celui dans le ressort duquel réside le siége de leur administration.

Vous êtes au contraire le débiteur de la faillite? C'est chez vous que la faillite devra vous attaquer et vous poursuivre. N'est-ce pas là que le failli, avant sa chute, serait venu vous chercher? Par quelle vertu, la réunion de ses créanciers, en prenant sa place, y trouverait-elle le privilége exorbitant de vous distraire de vos juges naturels? Que les créanciers fassent vérifier leurs titres au tribunal de la faillite, que l'on y porte toutes les contestations sur les

rapports à la masse des valeurs perçues par ART.
un créancier, au détriment des autres; je conçois parfaitement cette compétence. C'est
ainsi que les héritiers et les associés plaident
entre eux au tribunal de la succession ou de
la société. Mais pour les actions personnelles
à intenter contre des tiers, et pour des actions
réelles à diriger sur des immeubles, il faut
toujours suivre le *forum personœ*, et le *forum
rei sitœ*.

J'ai déjà parlé du *forum contractûs*, ou de
la juridiction du domicile élu (1); je n'ai
qu'un mot à ajouter pour confirmer les principes que j'ai posés sur ce point. La section du
Tribunat, en proposant au Conseil d'État la
rédaction de l'article 59, telle qu'elle est passée
dans le Code, s'exprima en ces termes : « Au
reste la section entend que l'élection de domicile, pour l'exécution d'un acte, tient toujours, quoique celui chez qui le domicile a été
élu soit décédé, et que les héritiers des parties
contractantes sont compris dans l'article, aussi
bien que les parties elles-mêmes. »

Le garant doit être appelé devant le 59 §8.

(1) Voyez ci-dessus, p. 218.

ART. tribunal saisi de la demande originaire ,
parce que l'action en garantie est un accessoire qui suit le sort du principal. Si la
garantie n'est réclamée qu'après le jugement
de la demande originaire, alors elle devient
elle-même une action principale et introductive d'une instance nouvelle , et le garant
ne peut plus être traduit que devant les juges
de son domicile. ·

60. « Les demandes formées pour frais par
les officiers ministériels sont portées au tribunal où les frais ont été faits. Elles sont dispen-

49.§5. sées de l'essai de conciliation. » Voilà bien une
exception formelle à la maxime : *actor sequitur
forum rei*, mais elle était commandée par la
nature des choses. C'est au tribunal qui a ,
pour ainsi dire, vu faire les frais, qu'il appartient de les taxer; à lui seul aussi doit appartenir la connaissance des contestations qui
peuvent s'ensuivre.

Il resulte de là que le paiement des frais
d'une instance d'appel sera poursuivi, de prime-
saut, et *omisso medio*, par l'avoué auquel ils
sont dus, devant la Cour royale qui a jugé l'affaire. L'ordre public lui-même n'est-il pas intéressé à ce que les officiers ministériels ne soient

point détournés de leurs fonctions, pour aller
au loin solliciter en justice le paiement de leurs
avances et de leurs honoraires?

Tout cela se doit entendre, non-seulement
des avoués, mais encore des notaires, des
greffiers, des huissiers, des commissaires-pri-
seurs, car leurs frais sont également taxés par
le président du tribunal de leur ressort, et
l'art. 9 du 4ᵉ décret du 16 février 1807, qui
sert de complément à l'art 60 du Code, dit
expressément que ses dispositions s'appliquent
aux demandes des avoués et *autres officiers
ministériels*, en paiement de frais, contre les
parties pour lesquelles ils auront *occupé* ou
instrumenté.

Ce serait donner trop de portée à ces propositions, que de pousser leurs conséquences
au dehors de la juridiction ordinaire. Il ne
faut pas en conclure, par exemple, qu'un
tribunal de commerce serait compétent pour
statuer sur l'action d'un huissier réclamant le
salaire des exploits qu'il a signifiés, à l'occasion
d'un procès qui fut soumis à ce tribunal. Les
juges de commerce sont des juges spéciaux,
et les significations d'un huissier ne sont pas
des actes de commerce.

Les officiers ministériels sont tenus de

Art. donner, avec leurs assignations, copie du mémoire des frais dont ils demandent le paiement (1). Il est particulièrement ordonné à tous les avoués d'avoir un registre coté et paraphé par le président du tribunal auquel ils sont attachés, et sur lequel ils inscrivent eux-mêmes, suivant l'ordre des dates, et sans aucun blanc, toutes les sommes qu'ils reçoivent de leurs cliens. Ce registre doit être représenté toutes les fois qu'ils en sont requis, et notamment lorsqu'ils agissent en condamnation de frais, sous peine d'être déclarés non recevables dans leurs demandes (2). La même règle se trouvait déjà dans la fameuse ordonnance donnée par Charles VII, au mois d'avril 1453, « pour ce que souventes fois advenoit que après le trépassement des procureurs, les héritiers demandoient grandes taxes et salaires, et ainsi demandoient ce qui avoit été payé aux dicts procureurs. »

Une question fort délicate se présente à propos de cette ordonnance. L'article 44 portait : « Défendons aux procureurs qu'ils ne retiennent les lettres et titres des parties,

(1) Décret du 16 février 1807, art. 9.
(2) *Ibid.* art. 151.

soubz couleur de leurs dicts salaires; et ᴀʀᴛ.
s'aucuns des familiers, ou procureurs, retiennent ou veulent retenir les dicts titres, nous
voulons diligente inquisition et punition en
estre faicte, par privation de leurs offices, et
autres grandes amendes, tellement que ce soit
exemple à tous autres. » La sévérité de ces
dispositions pouvait être justifiée dans ce temps-
là, par les excès des gens de justice (1). Mais la
lettre de l'ordonnance ne put tenir contre le
soulèvement de tous les intérêts qu'elle vint
irriter. On supposa que son esprit permettait
aux procureurs de retenir les pièces de la procédure, comme un gage, jusqu'au paiement de
leurs avances et salaires, et qu'elle ne les obligeait qu'à remettre les titres et les actes qu'ils
avaient reçus des parties, pour attaquer ou
défendre. Cette interprétation, qui d'abord ne
fut point admise par tous les auteurs et par
tous les arrêts (2), prévalut à la longue, et
même, lors de la nouvelle organisation judiciaire, les procureurs retenaient les titres
et les pièces de la procédure jusqu'à satisfac-
tion entière. Il n'était plus question de

(1) Voyez mon premier vol., p. 561 et suiv.
(2) Voyez Coquille, t. 2, Quest. 197, et Boniface,
T. 1, tit. 19, n° 9.

Art. l'ordonnance de Charles VII que dans les vieux livres.

Cependant arriva la loi du trois brumaire an II, qui supprima les avoués, et renouvela, dans son article 17, les défenses fulminées par l'article 44 de l'ordonnance de 1453. Il y est dit : « Les avoués ne pourront pas retenir les pièces par le défaut de paiement des frais, et ils seront tenus de les rendre aux parties, sauf à exiger d'elles une reconnaissance authentique du montant desdits frais, après qu'ils auront été taxés. »

M. le président Favard de l'Anglade pense que cette disposition est *conforme aux véritables principes* (1). On soutient, d'un autre côté, que le décret du 3 brumaire an II n'avait été qu'une loi de circonstance ; qu'en supprimant tout-à-coup les avoués, il était convenable de ne pas mettre dans l'impossibilité de se défendre, un plaideur qui n'avait pas le moyen d'acquitter de suite un mémoire de frais pour retirer son dossier; mais que, cette considération n'existant plus, il faut revenir à ce qui se pratiquait auparavant.

Certes il y a beaucoup à dire en faveur des

_____

(1) T. 4, v° *officier ministériel*, p. 30.

avoués. Ce droit de rétention qu'ils invoquent Art. peut être fort juste; mais sur quels textes le fondent-ils? C'est comme si un tuteur voulait se maintenir en possession des biens qu'il administre, parce qu'il a fait de fortes avances pour son pupille. La loi ne reconnaît de gage, de nantissement et de privilége, que dans les cas et sous les conditions qu'elle détermine.

Pourquoi l'art. 17 de la loi du 3 brumaire n'aurait-il été qu'une conséquence spéciale de la suppression des avoués, plutôt qu'une occasion toute naturelle de rappeler l'ancienne disposition de l'ordonnance de 1453? Ce qui me paraît incontestable, c'est que cette disposition n'a jamais été abrogée, ni expressément, ni tacitement, et que le régime actuel n'a rien qui ne puisse se concilier avec son exécution (1).

M. Carré voudrait qu'il fût permis aux avoués, comme autrefois, de retenir, jusqu'au paiement de leurs avances et émolumens, sinon les titres, dont ils ne sont que dépositaires, au moins les pièces de la procédure qu'ils ont faite (2).

(1) La Cour de Rennes l'a ainsi jugé le 24 juillet 1810. Journal des Avoués, t. 5, p. 293.

(2) Lois d'organisation et de compétence, t. 1,

2. 17

Art.   Le rédacteur du Journal des Avoués fait des vœux pour que la jurisprudence consacre cette opinion. Je crois qu'il ferait mieux de les adresser au législateur.

p. 293. Voyez pour là prescription de l'action des avoués, en paiement de leurs frais, l'art. 2275 du Cod. civ.

CHAPITRE III.

CONSTITUTION D'AVOUÉS, ET DÉFENSES.

(Liv. 2 , tit. 3 , art. 75 — 82 du Cod. de Proc.)

L'AJOURNEMENT est donné; il contient le nom de l'avoué que le demandeur a dû constituer. A<small>RT.</small>
61.

Or, il est nécessaire que l'autre partie indique, à son tour, l'officier ministériel qui la représentera devant le tribunal. Son choix doit être déclaré dans le cours des délais qui lui sont accordés pour comparaître. Plus tard, elle s'exposerait à trouver un jugement déjà rendu.

Rien n'est plus simple que la forme de cet agencement préalable. L'avoué du défendeur se légitime lui-même vis-à-vis de l'adversaire qui l'attend, en lui déclarant, *par un simple acte*, qu'il a reçu de son côté la mission d'*occuper*, et de répondre à l'attaque.

ART.
75.

Ce *simple acte*, que l'on nomme aussi *acte
d'avoué à avoué*, comme toutes les communications du même genre, est une sorte d'exploit que les huissiers préposés au service de
l'audience ont seuls le droit de signifier. On
ne l'entoure point de toutes les précautions que
la loi prescrit, pour la remise ordinaire des exploits à la personne ou au domicile des parties elles-mêmes. Les relations habituelles des
avoués entre eux, les rapports qu'ils ont tous
les jours avec les huissiers audienciers, rendent inutiles la mention de l'immatricule de
ceux-ci, et ces désignations de profession, et
ces indications de demeure, qui abondent
déjà dans l'exploit d'ajournement. Au bas de
l'original et de la copie de l'écrit rédigé et
signé par l'avoué requérant, l'huissier se
contente de certifier qu'il en a fait la signification à l'autre avoué, en parlant soit à lui,
soit à l'un de ses clercs ; il date, il signe, et
cela suffit.

Mais lorsqu'il y a ajournement à bref
délai, il est quelquefois difficile que la
personne assignée puisse avoir le temps de
vaquer à tout ce que sa position exige, d'avi-
ser un avoué, et de lui remettre les pièces
assez à point, pour qu'il se fasse judiciaire-

ment connaître avant l'époque de la comparution. Dans ce cas, qui n'a point échappé aux
prévisions de la loi, il est permis à l'avoué
de se présenter à l'audience, de prime abord,
et de déclarer, au moment où la cause est
appelée, qu'il se constitue pour le défendeur.
Un jugement intervient qui lui en donne
acte.

Ne croyez pas, toutefois, qu'à la faveur de
cette exception d'urgence, l'avoué soit dispensé de faire sa constitution par écrit; il doit
la réitérer et la faire signifier, le jour même,
suivant le mode ci-dessus indiqué. S'il négli-
geait d'accomplir ce devoir, le jugement qui
lui a donné acte de sa présentation à l'audience, serait levé à ses frais; car on doit sentir combien il importe, pour la suite de
l'instance, que tous ces préliminaires soient
authentiquement assurés.

Voilà comment s'opèrent, entre les représentans des parties, l'échange et la vérification de leurs pouvoirs respectifs.

Le mandat *ad lites* se contracte par le
consentement réciproque du client qui le
donne, et de l'avoué qui l'accepte (1).

(1) Coquille pense que c'est plutôt un contrat de

Art. Le mandat du demandeur est écrit dans l'ajournement; celui du défendeur peut n'être que verbal; il résulte de la simple remise des pièces.

L'avoué qui reçoit et qui retient les pièces de l'une ou de l'autre des parties, soit pour aller en avant, soit pour se constituer et défendre, accepte le mandat, et se rend tacitement responsable de tous les dommages que pourrait entraîner son inexécution.

Je parlerai plus amplement au chapitre *du désaveu*, de la nature du mandat *ad lites*, et, si je puis m'exprimer ainsi, de la sphère d'activité légale dans laquelle procèdent les avoués.

Je ferai seulement observer ici que le mandat *ad lites* est révocable, comme tout autre mandat, et que l'obligation de se faire représenter en justice n'est point un lien indissoluble qui enchaîne la partie à son avoué. Rien de plus juste, en matière de confiance, que de donner toute liberté au discernement, aux susceptibilités, et même aux caprices des

louage qu'un véritable mandat : *magis spectat locationem operarum.*

plaideurs. Mais il convenait aussi d'en régler
l'exercice, et de veiller à ce que les gens
menacés d'un jugement trop prompt à leur
gré, ne pussent trouver dans la faculté de
révoquer, un moyen d'arrêter le cours de
l'instance, en y laissant vide la place de leur
avoué. On a donc exigé que la constitution
d'un nouvel avoué fût contenue dans la révocation du premier. C'est ce nouvel avoué
qui déclare, par un simple acte, à celui de
l'autre partie, *qu'il est chargé d'occuper, au
lieu de l'avoué précédemment constitué, lequel demeure révoqué.* De cette manière, la
marche du procès ne peut jamais être sus-
pendue par la volonté de l'un des intéressés ;
car, s'il notifie une révocation toute sèche, sans
un remplacement immédiat, les procédures
faites et les jugemens obtenus contre l'avoué
révoqué, dont le ministère devient alors purement passif, sont aussi valables que s'il
n'y avait pas eu de révocation.

Maintenant les communications sont établies, et l'instruction peut commencer.

L'instruction consiste à donner au juge la
notion du litige et à préparer la décision :
omnia, quæcumque causæ cognitionem deside-

ART. *rant, per libellum expediri non possunt* (1).
Elle se réduit aux élémens les plus simples,
ou elle se complique de discussions et de
vérifications, suivant la nature du procès et
la variété des incidens qui se succèdent.

Il y avait un double excès à éviter, en
posant les bases d'un système pour l'instruction des causes civiles : l'excès de célérité
qui donne à l'une des parties le bien de l'autre sans examen, et l'excès de lenteur qui
les ruine toutes les deux à force d'examiner.

Le Code a fait de l'instruction *ordinaire* la
règle générale; il l'a placée au milieu de deux
exceptions, dont l'application est confiée à la
sagesse des tribunaux.

Dans les affaires qui ne sont point traver-
sées par des enquêtes, des expertises, des
visites de lieux, etc., l'instruction ordinaire
est réduite à un mémoire, ou *requête*, que
l'avoué du défendeur fait signifier, pour répondre au libelle de l'ajournement, et à des
observations que le demandeur fournit à son
tour. Les faits s'exposent et s'éclaircissent
dans ces mémoires, qui sont d'ailleurs de
pure faculté; les questions s'y élaborent,

---

(1) *L.* 71, *ff. de regulis jur.*

et la tâche de l'audience en devient plus
facile.

Pour les causes qui exigent une prompte
décision, pour celles dont les points tout simples n'ont pas besoin d'explications préliminaires, ou dont la mince valeur ne supporterait pas le déchet des frais, l'instruction est *sommaire;* on n'y fait point d'écritures; elle est, si je puis ainsi dire, toute parlée.

Mais il est d'autres procès qui se composent
d'un si grand nombre de chefs, qui se grossissent d'un si grand nombre de titres et de
pièces, qu'il serait impossible d'en saisir les
détails, s'ils n'étaient pas écrits. Irez-vous
étaler sur le barreau les branches d'un vieil
arbre généalogique, et consumer inutilement le temps des audiences à plaider un
long lignage? Vos paroles feraient-elles comprendre les chapitres de recette et de dépense
d'un compte rendu, les factures et les quittances, les chiffres et les calculs? Il faut à
des affaires de ce genre une instruction *par
écrit,* ainsi nommée parce qu'on y remplace les plaidoiries orales par des discussions
écrites.

La nouvelle loi de procédure civile, pour
le canton de Genève, a conservé ces trois es-

Art. pèces d'instruction ; mais elle les a rangées
dans un autre ordre. Elle admet comme
règle notre instruction sommaire, c'est-à-
dire, la plaidoirie immédiate à l'audience qui
suit l'expiration du délai de l'ajournement. L'instruction ordinaire et l'instruction par écrit
forment des *exceptions* que les juges autorisent, suivant les exigences de chaque cause.
« Il est plus naturel, disait M. le professeur
Bellot dans son exposé, de remonter du simple au complexe, que de descendre du complexe au simple (1). »

Notre méthode peut n'être pas aussi rationnelle que celle-là ; mais, en résultat, les
effets sont à peu près les mêmes. A Genève,
le tribunal décide, à l'entrée de la cause,
qu'elle sera instruite, s'il y a lieu, c'est-à-dire,
qu'on écrira avant de plaider. Chez nous il
décide qu'elle ne sera point iustruite, s'il n'y
a pas lieu, c'est-à-dire, qu'on n'écrira point
avant de plaider (2).

En vérité, la différence ne vaut pas le

---

(1) Exposé des motifs de la loi sur la procéd. civ. ,
pour le canton de Genève, 1re part., tit. 4, p. 46.

(2) Dans le langage habituel du palais, *instruire*
c'est écrire.

bruit périodique qu'on en a fait, dans ce qui s'appelle aujourd'hui *des articles de doctrine.*

Cette doctrine tranche beaucoup plus souvent qu'elle n'approfondit. Elle propose, par exemple, de supprimer toute espèce d'instruction, attendu que ces longues écritures, enflées par la cupidité des officiers ministériels, ne contiennent que des inutilités, et que les juges ne les lisent jamais.

Aggraver les frais de procédure est un grand mal, sans doute; c'est, comme l'a dit Bentham, violer la promesse qu'on a faite de sanctionner les contrats, et rendre la justice d'un accès trop difficile aux pauvres gens, c'est-à-dire, à ceux qui en ont le plus grand besoin. Toutefois, lorsque les abus ne sont point dans la loi, ce n'est pas raisonner juste que de s'en prendre à la loi. Si les avoués font des écritures trop longues, si leurs requêtes n'offrent rien qui serve à l'intelligence des causes, les juges ont tort de ne pas les rejeter de la taxe, et de ne pas en laisser le coût à la charge de leurs auteurs. Si les juges ne les lisent jamais, ils ont encore tort, car ce n'est qu'en les lisant qu'ils peuvent connaître le degré d'utilité de ce qui a été écrit, et veiller au maintien des

ART. règlemens sur ce point. C'est une exagération malavisée que de vouloir toujours abattre, quand il n'y aurait qu'à élaguer.

Loin de proscrire l'instruction, il serait bon peut-être que l'on n'eût point, dans les causes ordinaires, la faculté de n'en pas faire. Il faudrait obliger chacune des parties à donner des explications écrites sur les faits, avant de venir à l'audience. La plaidoirie en serait plus franche, on y discuterait mieux, on y disputerait moins; l'attention des juges aurait un objet arrêté, et ne s'épuiserait pas de fatigue dans les sinuosités d'un interminable débat.

Ceux qui ont vu le palais, sous l'empire de la loi du 3 brumaire an II, savent ce que c'était que cette procédure toute nue, qui se faisait sur le barreau. On venait brusquement se heurter, sans avoir reconnu le terrain, et sans aucune communication préalable. La justice se laissait surprendre, sous prétexte d'économie; ou bien le temps se perdait à alléguer, à dénier, à éluder. Combien ne fallait-il pas de renvois et de jugemens préparatoires, pour que l'on sût à quoi s'en tenir, et pour arriver chèrement au point où quelques lignes d'instruction auraient seules fixé l'issue de l'affaire?

Les lois positives ont plus ou moins d'im- perfections; tout le monde sait cela. Mais un coup d'œil réformateur, jeté rapidement sur les articles d'un Code, ne suffit pas pour bien voir leur engrenage, pour saisir leurs rapports et pour apprécier leur utilité relative. Ces doctrines improvisées ne sont pas sans quelque danger ; elles sèment de vagues préventions, elles détachent de la loi, elles lui donnent un aspect ridicule ; en attendant mieux, on ne l'étudie pas, et l'on s'expose à mal procéder et à mal juger.

Je demande grâce pour ces réflexions. Si l'expérience n'était que du talent, j'aurais trop de désavantage à m'en prévaloir contre les rêves de nos jeunes hommes de bien.

Il n'est pas rare d'entendre des plaideurs malheureux accuser la loyauté des officiers ministériels, et confondre les frais de la procédure avec les taxes du fisc. Faudrait-il attribuer à l'influence d'un pareil embrouillement, les doctrines antipathiques contre les avoués et les requêtes?

La méthode de procéder, les garanties qu'elle a fondées, les règles qu'elle a tracées, pour assurer la défense et pour éclairer les

ART. magistrats, ne tiennent, par aucune nécessité, ni aux droits d'enregistrement, de tim-
bre et de greffe, ni à la surtaxe du budget
de 1816, ni au décime de guerre qui se per-
çoit encore après une longue paix, ni aux
tarifs qui fixent le nombre de syllabes à la
ligne, et le nombre de lignes à la page. On
a fait d'un procès une matière imposable;
mais il n'y a pas plus d'affinité entre le système de la procédure, et les impôts indirects
mis sur la procédure, soit avant, soit après le
Code, que vous n'en trouverez entre la contribution des portes et fenêtres, et les pro-
priétés de l'air et de la lumière.

Dites que l'énormité des taxes forme un
déplorable contre-sens, avec l'intention des
lois qui promettent appui et secours au faible contre le puissant; dites que les exigences fiscales auxquelles une pauvre partie est
hors d'état de satisfaire, sont comme un
déni de justice; dites que l'excès des droit
n'est pas plus profitable aux caisses de l'État,
que l'excès des peines ne l'est au repos de la
société : je vous comprendrai parfaitement,
et si ma voix pouvait avoir quelque crédit, je
ne refuserais point de la joindre à la vôtre.

J'expliquerai plus loin les formes de l'instruction par écrit, et la classification des matières sommaires. Je dois seulement m'occuper, dans ce chapitre, de la marche toute unie d'une instance que nul incident ne vient embarrasser.

Je reviens à quelques détails.

C'est dans la quinzaine à compter du jour où il s'est constitué, que l'avoué de la personne assignée doit signifier ses défenses, et offrir de communiquer les pièces à l'appui.

La communication se fait, entre les avoués, de la main à la main, et sous *récépissé*. Elle se fait aussi par la voie du greffe. Dans ce dernier cas, les pièces à communiquer sont d'abord déposées au greffe, où celui qui reçoit la communication peut aller les voir et les inspecter, sans déplacement, et sous la surveillance immédiate du greffier. Ce mode est surtout employé lorsqu'il s'agit de pièces originales, ou de titres précieux (1).

Il fallait bien fixer un délai pour la signification des défenses, autrement la durée du procès eût été abandonnée à la discrétion de celle des parties qui, le plus souvent, est

_____

(1) Voyez ci-après le chap. 9 des *exceptions*, § 5.

Art. intéressée à faire différer le jugement. Cependant le délai n'est pas fatal, c'est-à-dire, qu'après la quinzaine, les défenses peuvent encore être signifiées, jusqu'à ce que le demandeur ait donné une sommation pour venir plaider. Remarquez en même temps que le demandeur ne pourrait pas poursuivre l'audience, et prendre un jugement avant l'expiration du délai, parce que ce délai est une des principales garanties auxquelles la justice doit veiller. Le jugement serait nul, de nullité substantielle (1).

78. Huit jours sont accordés à l'avoué du demandeur pour répondre aux défenses. Ce délai n'est pas plus fatal que le premier, tant que l'audience n'est point sollicitée.

La raison de l'inégalité du délai tient à la différence de position où se trouvent respectivement les parties.

Le défendeur que l'on vient attaquer a besoin d'un plus grand nombre de jours, pour rechercher ses titres, se consulter, arranger et présenter ses moyens. Il n'en faut pas tant au demandeur pour répondre ; il avait pris son temps avant de commencer les hostili-

_____

(1) Arrêt de la Cour de Paris. Sirey.—29—2—521.

tés; il a dû prévoir ce qui pourrait lui être ART.
opposé, et se préparer d'avance à le repousser.

La loi ne permet point de signifier des répliques.

Voilà donc, en définitive, à quoi se réduit l'instruction ordinaire des procès d'audience (1), qui marchent sans incidens, et ne réclament ni enquêtes, ni vérifications, ni interrogatoires, etc. Chacune des parties a la faculté de signifier *une requête*.

Aucunes autres écritures, ni significations 81. ne peuvent entrer en taxe. Dans la discussion du Code au Conseil d'État, quelqu'un demanda que pour mieux assurer l'effet de cette disposition, il fût interdit à l'avoué de répéter, même contre son client, les écritures qui ne seraient point entrées en taxe. Cette rigueur, appliquée à tous les cas, eût été d'une extrême injustice. On répondit qu'une partie venant à s'apercevoir, après sa requête signifiée, qu'elle a oublié de faire valoir quelques-uns de ses moyens, ou de produire toutes les pièces nécessaires à sa cause, doit conserver la faculté de réparer

_____

(1) On se sert de cette expression pour les distinguer des procès par écrit. Voyez ci-après, chap. 6.

ART. cette omission, *à ses frais*, par une nouvelle signification; c'est-à-dire que les frais
de cette signification ne pourront, en aucun cas, être répétés contre l'adversaire.
Mais on fit observer aussi que cette partie n'en
devra pas moins payer à son avoué l'addi-
tion d'écritures qu'elle lui aura fait faire.

Autrefois on accusait quelques procureurs
de signifier des copies de requête par extrait,
et d'intercaler plus tard, dans la *grosse* ou
original, un énorme remplissage de rôles,
lorsque la sentence leur faisait gagner les
dépens. Cet abus n'est plus possible; car
les avoués sont obligés de déclarer, au
104. bas des originaux et des *copies de toutes
leurs requêtes et écritures*, le nombre de
rôles dont elles se composent, à peine de
rejet.

Enfin il est libre aux plaideurs de faire ou
80. de ne pas faire d'instruction. Le défendeur
peut demander audience, et plaider aussitôt
qu'il a un avoué constitué. De son côté, le
demandeur peut aussi poursuivre le jugement,
dès que les défenses de son adversaire lui
ont été signifiées, et dédaigner d'y répondre.

L'acte par lequel l'un des avoués poursuit
l'audience contre l'autre, s'appelle *un à venir*

plaider, ou tout simplement *un à venir*. Dans A**rt.**
l'ancienne pratique, on les multipliait exces-
sivement; on se donnait cinquante rendez-
vous à l'audience, avant de songer sérieusement à y paraître, et à y faire trouver les
avocats. Aujourd'hui, le Code ne permet
d'admettre en taxe qu'un seul *à venir* pour
chaque partie.

C'est peut-être une prévention trop favorable, mais je crois qu'il eût été difficile de
mettre, dans l'instruction ordinaire des causes, plus de réserve, plus d'économie, et une
nécessité plus stricte; d'y ménager mieux le
temps, et d'y laisser moins de prise aux abus.
Comparez la marche de la procédure, en
France, avec la complication des formes chez
les Anglais, avec l'entortillement de leurs
diverses espèces de *writs*, la variété de leurs
fictions, leurs *rejoinder* et leurs *sur-rejoinder*,
leurs *rebutter* et leurs *sur-rebutter*, et tous
ces mille détours que les plaideurs sont obligés de parcourir, avant d'arriver à l'issue générale et au jugement du pays (1)! Compa-

(1) Voyez mon premier vol., chap. 10.

Art. rez notre système d'instruction judiciaire avec celui de l'Allemagne, où l'on écrit tout, où rien n'est public, où le sac d'une lente et dispendieuse procédure est renvoyé, par le juge saisi de l'affaire, à l'examen secret de la Faculté de Droit d'une Université, pour y faire rendre la sentence, laquelle revient cachetée à ce juge, qui la prononce à huis-clos devant les parties (1)! Comparez, et je m'assure que vous serez moins tenté de déprimer l'œuvre de nos législateurs.

Reporterez-vous vos doléances sur les désordres de la pratique? je vous dirai de les adresser aux magistrats. La loi se confie à leur sagesse et à leur fermeté, pour le maintien de ses dispositions. En matière de procédure et de frais, il faut retourner cette maxime, que tout ce qui n'est pas défendu est permis. Il faut redire sans cesse que tout ce qui n'est pas permis est défendu.

(1) Instit. judic. de M. Meyer, t. 4, chap. 14.

CHAPITRE IV.

DE LA COMMUNICATION AU MINISTÈRE PUBLIC.

(Liv. 2, tit. 2, art. 83 — 84 du Code de Proc.)

La loi du 24 août 1790 avait dit : « Au civil ART. les commissaires du Roi exerceront leur ministère, non par voie d'action, mais seulement par celle de réquisition, dans les procès dont les juges sont saisis (1). »

Cette règle était trop absolue. Le Code civil, notamment, est venu réclamer un grand nombre d'exceptions, et nos institutions judiciaires ont dû se conformer à ses exigences. Elles ont donc admis la modifica-

---

(1) Tit. 8, art. 2.

Voyez dans mon introduction, chapitre 18, ce que j'ai écrit touchant l'origine du ministère public, et ses fonctions en général.

Aᴙᴛ. tion suivante : « En matière civile, le ministère public *agit* d'office dans les cas spécifiés
par la loi (1). »

Lorsque le ministère public procède par
voie d'action, il prend dans la cause le nom
de *partie principale*.

Lorsqu'il reste dans sa sphère de surveillance, pour maintenir l'observation des lois,
requérir, et conclure, il est *partie jointe*.

Je ne dois le considérer ici que sous ce
dernier aspect. Il s'agit des causes qui doivent être communiquées au ministère public,
c'est-à-dire, des causes auxquelles il n'a pris
aucune part active, avant cette communication ; et l'on conçoit aisément qu'il n'est pas
besoin de lui communiquer un procès où il
plaide, comme partie principale, et pour lequel il a déjà fourni son contingent d'instruction.

Il fallait à la justice un guide, à la faiblesse un appui, à la société toute entière
une sorte de représentant, et surtout aux
lois d'intérêt général un organe, une sauve-

(1) Loi du 20 avril 1810, art. 46.

garde contre les prétentions toujours renais—
santes de l'intérêt particulier. Mieux valait
prévenir les infractions à ces lois, que d'attendre qu'elles eussent été commises, pour
casser les jugemens.

Telle est l'utilité de la communication au
ministère public. Il se fait *partie jointe* dans certaines causes, mais il ne se joint ni à l'un, ni
à l'autre des plaideurs, il ne prend parti que
pour la loi.

« Deux hommes viennent d'épuiser dans
leurs débats toute la sagacité de l'intérêt et
tout le pouvoir de la science. Un troisième
orateur se lève : recueillez-vous pour l'entendre, écoutez-le sans défiance, et avec
respect. Il n'a d'autre but que la verité ; il
retrace, il apprécie tout ce qu'on vient de
dire ; ensuite il motive le jugement de sa
conscience. Quelquefois, apercevant le
bien public compromis dans cette contestation privée, il élève en sa faveur une voix
prédominante, et la justice est sans cesse
ramenée au principe qui consacre tous les
droits particuliers, en les réglant d'après l'intérêt général (1). »

—————

(1) Répert. de jurisp., v° *ministère public*, § 5.

ART. — Je n'essaierai point de mesurer l'immensité de la carrière ouverte au ministère public. A le considérer seulement comme *partie jointe*, j'éprouverais encore trop d'embarras, pour exprimer l'idée que je me fais de cette abondante érudition qui répand la lumière sur les points les plus obscurs, de cette pénétration qui saisit la fraude au milieu de ses plus subtils détours, de cette prudence qui ne hasarde rien, de ce calme qui se reconnaît à l'exactitude de l'examen, à la candeur des motifs, à la simplicité des développemens dans les preuves, de cette éloquence, langue naturelle des grandes pensées, et de tous ces talens qu'il est si beau de compter parmi ses devoirs !

Cependant on peut, à vingt-deux ans *atteints*, remplir dans les tribunaux les fonctions du ministère public. Cela me rappelle un mot que j'ai vu quelque part : Le Roi, tout puissant qu'il est, ne peut faire ni un orateur, ni un jurisconsulte.

83. Le procureur du Roi doit être entendu dans toutes les affaires qui tiennent à l'ordre public.

A cette règle générale établie par l'art. 83

Art.

du Code de procédure, viennent se rattacher, comme autant de conséquences, une infinité de dispositions éparses dans nos lois et dans nos règlemens (1).

Dans les causes où la loi exige la communication au ministère public, il y a nullité, s'il n'a pas été entendu, et si le jugement a été rendu contre celle des parties à raison de laquelle la communication devait être faite. Cette nullité forme un grief d'appel, pour les cas de premier ressort, et une ouverture de requête civile, lorsqu'il s'agit d'un arrêt ou d'un jugement souverain.

480.§8.

Il importe donc d'expliquer les doutes que pourraient faire naître quelques-unes des généralités de l'article 83.

Je n'insistérai point sur ce qui concerne l'état, le domaine, les communes, les établissemens publics, les dons et legs faits aux pauvres, les tutelles, les mineurs, les interdits, les personnes présumées absentes. On

(1) Voyez les articles 53, 99, 114, 184, 200, 360, 471, 515 du Code civil; et les art. 47, 227, 249, 251, 311, 359, 372, 385, 389, 498, 668, 762, 782, 795, 805, 856, 858, 863, 879, 885, 886, 891, 892, 900, 1039 du Code de procédure civile. Voyez aussi le règlement du 30 mars 1808.

A ʀᴛ. y sent palpiter l'intérêt de la société toute
entière.

Les récusations, les prises à partie, les
renvois pour cause de parenté ou d'alliance,
touchent de trop près à la dignité de la justice
et à la sécurité des justiciables, pour que
l'intervention du ministère public n'y soit
pas commandée.

Il faut en dire autant des règlemens de
juges, et des déclinatoires sur incompétence,
dans lesquels le principe des juridictions se
trouve toujours engagé. ·

Mais on a voulu distinguer entre l'incompétence à raison de la matière, qui tient à
l'ordre public, et celle à raison de la personne, qui peut être couverte parce qu'elle
n'a trait qu'à des droits privés. On a pré-
tendu que la première était seule commu-
nicable.

C'était à tort. Il m'est libre sans doute de ne
point quereller la compétence d'un tribunal
dont je ne suis pas justiciable ; alors il n'y a
point de déclinatoire. Mais, si je conclus à
être renvoyé devant mes juges naturels, une
question de juridiction territoriale va être
agitée ; l'ordre public, que je pouvais ne
pas éveiller, sera invoqué, et le ministère

public ne devra pas rester muet. Le projet ART.
du Code portait : « Seront communiqués
au procureur du Roi..... les déclinatoires
sur incompétence *à raison de la matière.* »
Le Tribunat fit observer que les incompé-
tences à raison de la personne devaient également être comprises dans l'article, parce
qu'elles tenaient à l'ordre public, dès qu'il
y avait déclinatoire. Le Conseil d'État supprima ces mots, *à raison de la matière*, afin
d'étendre la nécessité de la communication à
l'une et à l'autre espèce d'incompétence (1).

La loi du 14 août 1790 avait joint le ministère public à toutes les causes des femmes,
soit qu'elles fussent autorisées par leurs
maris, soit qu'elles le fussent par la justice.
C'était une trop grande extension, et une sur-
charge de communications inutiles. La femme
pouvant, dans le droit commun, hypothéquer, aliéner ses biens, avec l'autorisation de
son mari, et sans l'intervention de la justice,
il n'est point à craindre qu'ils abusent l'un
et l'autre de formes judiciaires, pour pratiquer indirectement ce qu'il leur est libre de
faire directement et à découvert.

(1) *Esprit du Code de proc.*, par M. Locré, t. 1ᵉʳ;
pag. 195.

ART.   Le système du Code a reproduit la nécessité
de la communication, pour les causes des
femmes *non autorisées par leurs maris*. Il en
résulte que le procureur du Roi doit être entendu, toutes les fois qu'une femme se trouve
en instance, sous l'autorisation de la justice
seulement.

A l'égard des femmes qui plaident avec
l'autorisation de leurs maris, l'intervention
du ministère public n'est exigée *que lorsqu'il
s'agit de leur dot, et qu'elles sont mariées sous
le régime dotal*. L'inaliénabilité de la dot est
le principe fondamental de ce régime; c'est
un moyen offert aux familles, pour leur conservation, pour assurer le sort des enfans,
pour protéger la femme contre sa propre
faiblesse, et contre l'influence de son mari.
*Interest rei publicæ mulieres dotes suas salvas
habere* (1). Mais les époux pourraient conspirer
contre leur avenir, exposer la dot aux attein-
tes d'une contestation réelle ou fictive, et
négliger les moyens qui empêcheraient la
consommation du sacrifice. La loi y a pourvu,
elle a chargé le ministère public de veiller,
et de combattre à la fois, le mari, la femme

(1) L. ff. *de jure dotium*.

elle-même, s'il le faut, et leurs adversaires, Art
pour sauver le fonds dotal.

Que si l'aliénabilité de la dot a été stipulée
par le contrat de mariage, comme le permet
l'art. 1557 du Code civil, ou si les biens
sont paraphernaux, on rentre alors dans le
droit commun, dont j'ai parlé plus haut. Où
serait le motif de surveiller *en jugement*, ce
que les époux ont toute liberté de faire *hors
jugement?*

C'est en distinguant de la sorte, que doit
être appliquée cette autre disposition de l'art.
83, qui rend communicables toutes les affaires où l'une des parties est défendue par un
curateur.

Les fonctions de ce curateur se réduisent-
elles à des actes d'administration ou d'assistance? A-t-il été nommé pour représenter
en justice une succession abandonnée, par
exemple, ou pour défendre seul une masse
d'intérêts qu'il pourrait compromettre par sa
négligence, ou trahir par une coupable collusion? La loi veut que le ministère public
se joigne au procès.

S'agit-il d'un curateur dont l'autorité seule
eût suffi pour mettre le sceau de l'irrévoca-
bilité à la vente des objets en litige, pour

les grever, pour transiger ? Là communication ne sera point exigée. Ainsi, dans une cause où figure un prodigue assisté de son conseil judiciaire, vous voyez comment il ne sera pas nécessaire que le ministère public intervienne.

Je me borne ici à ces aperçus généraux. Les explications de détail trouveront leur place, à mesure que j'aborderai particulièrement les diverses matières soumises à la surveillance du parquet.

Observez, au surplus, que, nonobstant les spécifications qu'elle a faites des cas où le ministère public doit être entendu, la loi l'autorise à se faire communiquer toutes autres causes, lorsqu'il le juge utile et convenable. Il y a plus : le tribunal peut ordonner d'office que le ministère public prendra communication.

Les formes de la communication ne sont point dans le Code de procédure ; il faut les chercher dans les articles suivans du règlement du 30 mars 1808.

« Lorsqu'il y aura lieu à communiquer au ministère public, les avoués seront tenus de faire cette communication avant l'audience

où la cause devra être appelée, et même, dans Art.
les causes contradictoires, de communiquer
trois jours avant celui indiqué pour la plaidoirie.

» Les communications se feront au parquet,
dans la demi-heure qui précède ou qui suit
l'audience.

» Si la communication n'a pas été faite
dans le temps ci-dessus, elle ne passera point
en taxe (1).

» Lorsque celui qui remplit le ministère
public ne portera pas la parole sur-le-champ,
il ne pourra demander qu'un seul délai, et
il en sera fait mention sur la feuille d'audience. »

Il a été jugé par un grand nombre d'arrêts, que la simple énonciation, dans un
jugement, de la présence du ministère public aux plaidoiries d'une affaire communi-
cable, n'établissait pas la preuve légale qu'il
eût été entendu (2).

(1) Il est dû à l'avoué un droit de vacation pour
aller communiquer et pour retirer les pièces. Voyez
l'article 90 du tarif.

(2) Voyez le Journal des Avoués, v° *ministère
public*, t. 16, p. 749 et suiv.

Lorsque le ministère public est partie prin
cipale dans une cause, il plaide, et l'avocat
de l'autre partie lui répond : *audiatur et
altera pars.*

Mais suivant une ancienne maxime du palais, le ministère public, parlant comme partie
jointe, ne pouvait pas être contredit. La dé-
cence paraît l'exiger, disait-on, et la justice
ne paraît pas s'y opposer. Les plaideurs ont
fourni leur carrière; quelle nécessité y a-t-
il pour qu'ils parlent encore, et que peuvent-
ils avoir à répondre à l'organe pur de la justice et de la vérité. Quel serait le terme de
toutes les discussions?

Ces raisons n'étaient pas sans réplique ;
car en affirmant des faits, en citant des lois,
il est humainement possible que le ministère
public se trompe; et l'on demandait, d'un autre
côté, où serait la sauvegarde des juges contre
les erreurs de son imposante autorité. On ajoutait : c'est pousser trop loin le respect, que
d'étouffer une juste plainte, et ce n'est
jamais offenser un magistrat que de lui sauver un remords. Quant à l'abus des plaidoiries
se ranimant tout de nouveau, après les conclusions du ministère public, on proposait de
renfermer rigoureusement la réclamation

dans le cercle étroit d'un simple avis aux juges, pour le redressement d'un texte ou d'un fait.

Le règlement du 30 mars 1808 contient, à cet égard, une sorte de disposition mixte; son article 87 porte : « Le ministère public une fois entendu, les parties ne peuvent obtenir la parole après lui, mais seulement remettre, sur-le-champ, au président de simples notes énonciatives des faits, sur lesquels elles prétendent qu'il y a eu erreur ou inexactitude.

Il y aurait encore beaucoup à dire là-dessus; car ces notes remises au président par une partie, ne sont pas communiquées à l'autre, et ce peut être un moyen, à l'instant solennel de la délibération, de glisser dans l'esprit des juges une impression d'autant plus dangereuse, qu'elle arrive silencieusement et presque inaperçue.

Cet inconvénient n'a point échappé aux rédacteurs de la nouvelle loi de procédure, pour le canton de Genève.

« Nous avons trouvé la disposition de l'art. 87 du règlement du 30 mars 1808, aussi contraire à l'intérêt de la vérité qu'à la dignité du ministère public, disait l'honora-

Art. ble rapporteur (1). Si, d'après le droit seul de légitime défense, une partie doit avoir la faculté de repousser des moyens nouveaux employés contre elle, comme celle de rectifier des erreurs de fait commises à son préjudice, l'intérêt de la vérité exige que ce ne soit pas par des notes secrètes, qu'aucun débat n'éclaire, mais à l'audience même, et que la réponse ait la même publicité que l'attaque.

» Quant à la dignité du ministère public, ce n'est pas en parlant sans contradicteur qu'elle se déploie, mais en apportant cette sévérité d'examen, cette rectitude d'opinion, cette franche impartialité, dont une discussion contradictoire ne ferait que relever le mérite.

» Ces considérations nous ont fait accorder la parole aux parties, après le ministère public, lorsqu'il s'agira de rectifier un fait, ou de répondre à un moyen nouveau. »

(1) Exposé des motifs de la loi sur la proc. civ., pour le canton de Genève, par M. Bellot.

CHAPITRE V.

DES AUDIENCES, DE LEUR PUBLICITÉ ET DE
LEUR POLICE.

(Liv. 2 , tit. 5, art. 85—92 du Code de proc.)

On lit dans une ordonnance donnée par ART.
Philippe de Valois , en 1344, « Que toutes
manières de parties , selon ce que elles se
seraient présentées, auraient droit d'être
délivrées par l'ordre des présentations,
sans nul avantage de donner audience ?
autre personne (1). »

(1) Recueil des anciennes lois françaises, par
MM. Isambert, etc. T. 4., p. 510.

Les causes devaient être appelées en tour de rôle; *per rotulum seu cedulam vocabantur* (1). Cette règle tomba dans l'oubli, comme beaucoup d'excellentes choses que contenaient les vieux édits.

L'usage des *placets* s'introduisit. On nommait ainsi les suppliques qu'il fallait adresser au chef du siége ou de la Cour, afin d'obtenir audience. Ces placets, ou plutôt ces jouets du caprice ou de la faveur, faisaient le désespoir des plaideurs qui n'avaient point d'accès chez le président, et quelquefois aussi des avocats et des procureurs qui n'y jouissaient pas d'une bienveillance particulière (2).

Vint la loi du 14 août 1790; il y fut dit : « Toute préférence pour le rang et le tour d'être jugé étant une injustice, les affaires, suivant leur nature, seront jugées, lorsqu'elles seront instruites, dans l'ordre selon lequel le jugement en aura été requis par les parties (3). »

(1) Ducange, v° *Rotulus*.

(2) Observations préliminaires du Tribunat, sur le tit. 5 du liv. 2, 1re part. du Cod. de proc.

Voyez l'esprit du Code de proc., par M. Locré. T. 1er, p. 200.

(3) Tit. 2, art. 18.

Même disposition dans la loi du 21 ventôse an 7 : « L'usage des placets pour appeler les » causes est interdit; elles ne pourront l'être » que sur les rôles, et dans l'ordre du place- » ment (1). »

Suivant le Code de procédure, il y a déni de justice, « lorsque les juges négligent de juger les affaires en état, et en tour d'être jugées (2). »

Le Tribunat aurait voulu placer, au titre *des audiences*, plusieurs articles touchant la tenue des rôles, l'inscription des causes, leur classement, et l'ordre dans lequel elles doivent êtreexpé diées; car, si la distinction des personnes est odieuse devant la loi, la distinction des causes est souvent nécessaire et juste.

Mais le Conseil d'État ne crut pas devoir suivre cet avis. Les articles proposés par le Tribunat trouvèrent leur place, plus tard, dans le décret du 30 mars 1808.

Il faut voir tous ces détails réglementaires

---

(1) Art. 3. C'est cette loi qui a établi les droits de Greffe, au profit du trésor public, dans les Tribunaux civils et de commerce.

(2) Art. 506.

ART. dans le décret lui-même ; je vais seulement en esquisser le plan.

Quand une cause est en état, le plus diligent des avoués la fait inscrire sur le registre, ou *rôle* général, tenu au greffe (1).

Cette inscription à laquelle on donne le nom de *mise au rôle*, doit être faite la veille de l'audience, au plus tard ; elle contient les noms des parties et ceux de leurs avoués.

L'audience est ensuite poursuivie par un simple acte.

A cette première audience, l'huissier fait l'appel des causes récemment inscrites sur le rôle général, dans l'ordre de leur inscription.

Le tribunal adjuge de suite contre les *défaillans*, les conclusions que les avoués poursuivans ont déposées sur le bureau.

Les causes qui requièrent célérité sont aussi jugées sur-le-champ, lorsqu'elles se trouvent en état d'être entendues (2).

(1) Règlement du 30 mars 1808, art. 55.

(2) Telles sont celles pour déclinatoires, exceptions et règlemens de procédure, qui ne tiennent point au fond, celles renvoyées à l'audience en état de référé, celles afin de mise en liberté, de provisions alimentaires, et autres de pareille urgence. (*Ibidem*, art. 57, 58 et 66).

Si le tribunal est composé de plusieurs Art.
chambres, le président fait, sur le rôle
général, la distribution entre elles de toutes les autres causes, à l'exception de celles
qui, suivant les art. 56, 57 et 69 du décret,
ne doivent pas être distribuées (1).

Un rôle particulier est ensuite extrait du
rôle général, pour chaque chambre, et les
causes distribuées sont appelées, affichées,
entendues et jugées, dans l'ordre de leur pla-
cement.

La publicité dans les tribunaux équivaut
à toutes les autres précautions réunies ; elle
est l'âme 'de la justice ; elle doit, en général,
s'étendre à toutes les parties de la procédure,
et à toutes les affaires.

---

(1) Ce sont : 1° Les affaires relatives aux lois fo-
restières, aux droits d'enregistrement, de greffe,
d'hypothèque, et en général, aux contributions,
2° les référés ; 3° les contestations relatives aux avis
de parens, aux interdictions, à l'envoi en possession des biens des absens, à l'autorisation des
femmes, à la réformation d'actes de l'état civil, etc.,
4° les affaires qui intéressent le gouvernement, les
communes, les établissemens publics.

ART.   Les jugemens et les arrêts qui n'ont pas été rendus publiquement sont nuls (1).

« Le principal usage de la justice *réelle*, dit Bentham, est de produire la justice *apparente*: or, en supposant qu'une justice secrète soit bien administrée, il n'y aura que la réelle dont l'utilité est bornée, il n'y aura pas l'apparente dont l'utilité est universelle. La racine sera dans la terre, et le fruit n'en sortira pas (2). »

Cependant la règle doit fléchir, alors qu'elle peut faire plus de mal que de bien, et la loi, en consacrant le principe de la publicité des plaidoiries, a su le limiter, pour l'intérêt des mœurs et des familles. Il y a dans certaines affaires des détails d'intérieur, dont la révélation serait une source de scandale, de honte, d'aigreur et de haine; ces détails ne doivent être entendus que du tribunal. Mais avant d'admettre l'exception, les juges délibèrent pour savoir s'il y a nécessité absolue de s'écarter du principe, et ils en rendent compte au procureur général,

87.

___

(1) Loi du 20 avril, art. 7.

(2) Voyez le traité des preuves judic., par Bentham. T. 1, p. 153.

près la Cour royale. Lorsque le procès est
porté devant une Cour royale, elle rend
compte de sa délibération au ministre de la
justice (1).

A Genève, une semi-publicité a été conservée, jusque dans la plaidoirie à huis clos.
Chaque partie est autorisée à se faire assister
de trois parens ou amis, outre son avocat et
son avoué. C'est la disposition spéciale de l'article 253 du Code civil, que le Conseil Repré-
sentatif a généralisée (2).

85.

La défense est de droit naturel : toute partie a donc le droit de se défendre elle-même,
avec l'assistance d'un avoué, qui doit toujours
diriger les conclusions. Une femme peut se
présenter au palais pour plaider sa cause,
nous en avons des exemples récens. A Rome,
elles n'y étaient pas reçues aussi favorable-
ment, depuis cette Carfania « qui jaçoit ce
qu'elle fust femme sage plus que nul autre, si
ne sceut elle avoir mesure, et courut au juge

(1) Quoique les plaidoiries aient été entendues à
huis clos, le jugement doit toujours être prononcé
publiquement.

(2) Exposé de M. Bellot, p. 62.

Art. sus sans manière, pour ce qu'il appoincta contre son opinion; *et de hoc habetur lege* 1, § *sexum, ff. de postulando* (1). »

Toutefois si celui qui veut être son propre défenseur, au lieu d'éclairer la cause, ne fait que l'obscurcir, s'il se laisse égarer par la passion, la loi veut que les juges lui interdisent un droit trop souvent dangereux pour ses propres intérêts.

Il y a dans les vieux livres des devis et propos, qui sont comme le bon sens de tous les siècles réduits en formules. Ouvrez les Assises de Jérusalem, et vous y lirez : « L'on ne plaidera ja si bien pour soi come pour autrui; car véhément ire desvoye sens d'home, plustot et plus souvent en sa propre querelle.... (2). »

L'article 34 du décret du 30 mars 1808 autorise le président à faire cesser les plaidoiries, lorsque le tribunal trouve la cause suffisamment entendue. Le meilleur commentaire qu'on puisse donner sur cette disposition, se trouve dans les Institutes coutumières de Loisel : « Sage est le juge qui écoute et

_____

(1) Somme rurale, p. 45.
(2) Chap. 9, p. 17.

tard juge; car de fol juge briéve sentence, Art.
et qui veut bien juger écoute partie (1). »

« Les parties ne pourront charger de leur 86.
défense, soit verbale soit par écrit, *même à
titre de consultation*, les juges en activité de
service, procureurs généraux, avocats généraux, procureurs du Roi, substituts des procureurs généraux et du Roi, même dans les
tribunaux autres que ceux près desquels ils
exercent leurs fonctions : pourront néanmoins
les juges, procureurs généraux, avocats généraux, procureurs du Roi, et substituts des
procureurs généraux et du Roi, plaider dans
tous les tribunaux leurs causes personnelles,
celles de leurs femmes, parens ou alliés en
ligne directe, et de leurs pupilles ».

Cet article n'a pas besoin d'explications.

« Il faut enfin que nous ayons une magis-
trature, disait la section du Tribunat chargée
de l'examen du Code, il faut que les juges
conservent constamment leur caractère : la
profession d'avocat est belle et honorable,
mais chaque état a ses règles ».

Cependant on proposa dans le Conseil d'É-
tat, de ne point appliquer la disposition de

_____

(1) Liv. 6, tit. 3, n° 12.

ART. l'article 86, aux substituts près les tribunaux de première instance. On prétendit qu'autrefois ces places étaient remplies par des avocats distingués qui, pour cela, ne quittaient pas leur profession; que souvent un jurisconsulte y aspirait afin de se faire connaître, et qu'il serait trop sévère de le priver de cet avantage, en lui défendant de plaider même devant les juges d'appel (1).

Cette proposition ne fut pas adoptée.

Déjà l'article 27 de la loi du 27 mars 1791 avait interdit aux juges et *aux commissaires du Roi*, les fonctions de *défenseur officieux*. Cet article n'était lui-même qu'une tradition des anciennes ordonnances; car, de préceptes qui enseignent la manière de se comporter sans blâme, et de tenir la droite voie, les livres sont pleins. Il n'y a pas de maîtres plus patiens que les livres.

« Nous défendons à tous présidens et conseillers de nos Cours souveraines de ne solliciter pour autrui des procès pendans ès cours où ils sont officiers, et n'en parler aux juges

---

(1) Esprit du Cod. de proc., par M. Locré, tit. 1, p. 206.

directement ou indirectement, sur peine de privation de l'entrée de la Cour et de leurs gages pour un an, et d'autre plus grande peine s'ils retournent (1). »

« Défendons aux officiers de toutes nos Cours souveraines et autres, de s'entremettre, de recommander, ou solliciter les procès des parties plaidantes en icelles, sur peine d'être privés de l'entrée de nos dites Cours et siéges, et de leurs gages pour un an (2). »

Le Code de procédure ne prononce point de peines semblables. Il rend récusable seulement, le juge qui a *sollicité, recommandé, ou fourni aux frais du procès.* Toutefois je me persuade qu'un magistrat, descendu jusque-là, n'échapperait point aux peines de la discipline judiciaire, car il aurait certainement compromis la dignité de son caractère (3).

En Angleterre, les juges font le serment, *de non audiendo extrà-judicialiter.* C'est une sûreté pour croire qu'ils ne pro-

(1) Ordonn. de Villers-Coterets, art. 124.

(2) Ordonn. de Blois, art. 120.

(3) Voyez les art. 49 et suiv. de la loi du 20 avril 1810.

Art. poseront pas à d'autres de fausser la foi qu'ils ont eux-mêmes jurée. Je me propose de revenir sur ce sujet, dans le chapitre *des récusations*.

La justice est rendue au nom du prince, et la loi se prête à une fiction fort remarquable, en supposant que le prince lui-même prononce les arrêts par l'organe des juges.

D'après cette fiction, c'est offenser le prince que d'offenser un juge. Le juge se détache, pour ainsi dire, de la personne offensée, il devient un tiers entre elle et l'auteur de l'offense, la règle qui défend de se faire justice à soi-même cesse d'être applicable, et c'est à lui qu'est confié le soin de sa propre vengeance.

88. « Ceux qui assistent aux audiences doivent se tenir découverts, dans le respect et le silence. Tout ce que le président ordonne pour le maintien de l'ordre, est exécuté ponctuellement et à l'instant.

« La même disposition doit être observée dans les lieux où, soit les juges, soit les procureurs du Roi, exercent les fonctions de leur état. »

Les articles 89, 90, 91 et 92 du Code de procédure contenaient, à la fois, des mesures de Art. répression pour les troubles de l'audience, et la graduation des peines que les juges pouvaient infliger à ceux qui les auraient outragés ou menacés, dans l'exercice de leurs fonctions. Ces mesures et ces peines n'étaient pas à leur place; elles se rattachaient naturellement au Code d'instruction criminelle, et au Code pénal. C'est là qu'on les trouve aujourd'hui changées et modifiées, suivant le système de ces Codes.

Il faut donc recourir au chapitre 4, titre 4, livre 2 du Code d'instruction criminelle, pour savoir comment on procède, en cette matière. Quant à la partie pénale, c'est le § 2 de la section 4, chapitre 3, titre 1er, livre 5 de l'autre Code, qu'il sera nécessaire d'interroger.

Je vais donner ici une idée de ce mode spécial de poursuites et de jugemens.

Toutes les Cours et tous les tribunaux ont le droit de statuer incontinent sur les crimes et délits commis à leur audience. Le même droit appartient à chacun de leurs membres, dans les lieux où il exerce quelques fonctions de son ministère.

Mais ce principe reçoit les restrictions

que comporte la constitution hiérarchique de l'ordre judiciaire : *Omnibus magistratibus, secundum jus potestatis suæ , concessûm est juridictionem suam defendere pænali judicio* (1). Un seul juge, par exemple, ne peut être investi du même pouvoir qu'une Cour tout entière; un tribunal inférieur ne peut pas être revêtu de la même autorité qu'une Cour souveraine.

Ceci posé, les peines de simple police seront infligées , en dernier ressort , par quelque tribunal ou par quelque juge que ce soit; car, dans les cas ordinaires , c'est un juge de paix seul, ou un maire seul, qui les appliquent (2).

Les peines de police correctionnelle ne pourront être prononcées qu'à la charge d'appel, par un tribunal sujet à l'appel, ou par un juge seul ; car les jugemens correctionnels d'un tribunal de première instance ne sont jamais en dernier ressort (3).

En suivant les données de ce plan, on reconnaîtra facilement que les juges inférieurs

(1) *L. unic. ff. si quis jus dic. non obtemp.*
(2) Code d'instruct. crim , art. 139, 140 et 505.
(3) *Ibid.* Art. 199 et 505.

doivent renvoyer le prévenu devant qui de Art.
droit, quand il y a lieu à poursuites crimi-
nelles (1).

Mais le crime a-t-il été commis à l'audience
de la Cour de cassation, d'une Cour royale,
ou d'une Cour d'assises? Toute compétence est
acquise, sans restriction, aux magistrats élevés
qui les composent. L'instruction se fait publiquement et sans désemparer; les témoins
sont entendus; le ministère public conclut;
le conseil choisi par le délinquant, ou celui
que le président lui désigne, présente sa défense, et la Cour prononce (2).

Dans ce cas, si les juges présens à l'audience
sont au nombre de cinq ou de six, il faut
quatre voix pour condamner; il en faut cinq,
lorsqu'il y a sept juges. Au nombre de huit
et au-delà, l'arrêt de condamnation n'est
formé que par les trois quarts des voix, de
manière toutefois que, dans le calcul de ces
trois quarts, les fractions, s'il s'en trouve,
soient appliquées à la décharge du prévenu (3).

D'où naît cette faveur extraordinaire, et

(1) Code d'instruct. crim., art. 160, 193 et 506.
(2) *Ibid.* Art. 507.
(3) *Ibid.* Art. 508.

Art. pourquoi veut-on ici une majorité de voix plus forte, et des combinaisons plus douces, que dans les Cours d'assises? Vous allez le comprendre : c'est qu'il s'agit d'un crime flagrant, d'une scène qui vient de se passer au milieu de l'auditoire de la Cour, à ses pieds, sous ses yeux, et que l'évidence du fait ne saurait admettre, en pareille circonstance, un dissentiment notable dans les opinions. Si ce dissentiment existe à un certain degré, il n'est plus possible de condamner.

www.ingramcontent.com/pod-product-compliance
Lightning Source LLC
Chambersburg PA
CBHW060425200326
41518CB00009B/1483